Hinweis

Alle Personen, die in diesem Buch erwähnt werden, existieren wirklich. Aus Gründen des Persönlichkeitsschutzes habe ich bei einigen von ihnen den Namen geändert.
Bei Interesse stelle ich jeglichen Kontakt gerne her.

Vorwort

Dieses Buch ist ein sehr persönliches Buch. Es erzählt von meinem Weg, heraus aus langer chronischer Krankheit an Körper, Geist und Seele, hinein in ein Leben voller Glück, Freude und Leichtigkeit.
Alles was ich schreibe, habe ich genau so erlebt. Auch wenn vieles davon nach anerkannter Meinung völlig unmöglich ist und nicht wissenschaftlich bewiesen werden kann, so ist es doch meine Wahrheit. Ob es auch Ihre Wahrheit ist, oder dazu werden könnte, weiß ich nicht.
Ich habe dieses Buch geschrieben, weil es mir ein Bedürfnis war. Es war die letzte Konsequenz eines langen Weges, mein letzter Schritt zur Vollständigkeit.
Ich will damit niemanden von irgendetwas überzeugen und erst recht niemanden kritisieren. Ich will einfach nur von mir erzählen.

Pöttelsdorf, im Juni 2009

Anfänge

Es ist nicht sehr einfach, die Blockaden zu lösen, die von einem Besitz ergreifen, sobald man vor einem leeren Blatt Papier sitzt. Ich habe den Drang zu schreiben. Nur wie geht schreiben? Ich habe es nie gelernt.

Ich habe fünfeinhalb Jahre Tiermedizin studiert, sehr erfolgreich übrigens. Ich hatte immer gute Noten, habe mich auch sehr bemüht. Ich saß in jeder Vorlesung und wenn es ums praktische Üben ging, war ich besonders enthusiastisch. Ich kann mich nicht erinnern, mich während meines Studiums auch nur ein einziges Mal bis auf die Knochen blamiert zu haben. Trotzdem sah ich mich nach meinem Abschluss, als ich das erste Mal alleine in einer Praxis stand, nicht in der Lage, einfach das anzuwenden, was ich gelernt hatte. Ich war blockiert.

Ich hatte mir einen Job in einer Tierklinik gesucht, weil ich mich absichern wollte, demnächst nicht in genau diese Situation zu kommen: alleine mit einem Patienten und dem dazugehörigen liebenden und kritischen Besitzer da zu stehen. Meine Chefin hatte mir bei der Einstellung versprochen, dass sie immer an meiner Seite sein würde, solange bis ich mir bei allem sicher wäre. Doch natürlich kam alles ganz anders. Bereits an meinem ersten Tag zog sich ihre Tochter bei einem Reitunfall einen Beinbruch zu und verständlicherweise war es der Mutter viel wichtiger, ihre Tochter ins Krankenhaus zu begleiten, als mich in der Tierklinik zu beaufsichtigen. Ich konnte nicht einmal mit dem Computerprogramm umgehen und war wirklich verzweifelt. Im Endeffekt habe ich mich aber dann doch irgendwie durchgebissen und nachdem meine Chefin gesehen hatte, dass ich blendend alleine zurecht kam, musste ich leider auch in Zukunft auf ihre Unterstützung verzichten.

So eignete ich mir - just by doing - in den darauffolgenden eineinhalb Jahren eine ganze Menge Fähigkeiten an, die ich mir nie zugetraut hätte. So manches Mal bin ich über mich hinausgewachsen, wobei es –

anders als im Studium – nicht ganz ohne Blamagen abging. Wahrscheinlich meine wichtigste Lektion dieser Zeit war es, dass es mich nicht weiterbringt, mir vor Augen zu halten, was ich alles nicht kann und was bei dem, was ich tue, alles schiefgehen könnte. Was hätte es geholfen, wenn ich zum Beispiel der Besitzerin des angefahrenen Hundes mit den schweren inneren Verletzungen gesagt hätte, dass ich mir unsicher wäre, ob ich die notwendigen Versorgungsmaßnahmen perfekt durchführen könnte und dass sie lieber einen anderen Tierarzt aufsuchen sollte? Der andere Tierarzt hätte dem Hund sicher nicht mehr helfen können. Also bat ich meinen Schutzengel um Unterstützung und gab mein Bestes.

Jeden Tag wurde ich so zwar ein klitzekleines bisschen sicherer, doch in der ganzen Zeit schaffte ich es nicht, die Nervosität abzulegen, die sich am Morgen jedes Arbeitstages gleich nach dem Aufwachen in meinem Oberbauch bemerkbar machte und die bei jedem Mal, wenn die Tür der Tierklinik sich öffnete und ein neuer Patient hereinkam, zumindest kurz einmal fest zubiss.

Warum erzähle ich das alles? Nur um zu verdeutlichen, dass ich die medizinische Behandlung von Tieren erlernt habe und während meiner Tätigkeit in der Tierklinik doch ganz beachtliche Erfolgserlebnisse aufweisen konnte. Trotzdem war der Selbstzweifel mein ständiger Begleiter, auch wenn es mir zumindest gelungen war, ihm die Alleinherrschaft über mein Tun zu entreißen.

Die Situation, in der ich mich jetzt befinde, ist für mich fast noch schwieriger. Ich habe nicht gelernt zu schreiben. Natürlich bin ich kein Analphabet, aber ich weiß eben nicht, wie man eine längere Geschichte sinnvoll aufbaut, wie man sie spannend und unterhaltsam macht, wie man den Leser bei der Stange hält, ihn womöglich bereichert. Egal, im Endeffekt spielt es keine Rolle, was dabei herauskommt. Ich werde die Dinge einfach ins Fließen bringen und versuchen, das aufs Papier zu bringen, was in mir ist und irgendwie nach außen drängt.

Mein Plan ist grundsätzlich der zu erzählen, was ich erfahren habe. Über das Leben und wie es funktioniert, über Krankheit und Gesundheit und wie man glücklich ist. Wie es sich zugetragen hat, dass ich von einer zweifelnden Tierärztin zu einer selbstsicheren Heilerin geworden bin, die sich jetzt sogar zu schreiben traut. Auf meinem Weg habe ich verstanden, dass Heilung aus jedem Zustand heraus möglich ist. Ich selbst bin nach mehr als dreizehnjähriger physischer und psychischer Krankheit zu einem rundum gesunden und glücklichen Menschen geworden und ich bin sicher, wenn ich es kann, kann es jeder. Denn, ohne angeben zu wollen, meine Ausgangsbedingungen waren wirklich nicht besonders gut.

Ich möchte Sie nicht zu ausführlich mit meiner Krankengeschichte belasten. Erstens soll dies ein positives Buch werden und zweitens rede ich zugegebenermaßen nicht allzu gerne über mein altes Leben. Es war einfach zu dramatisch. Ein bisschen etwas muss ich aber doch erzählen.

Mit neunzehn Jahren bekam ich Herzrhythmusstörungen und zwar ganz ordentliche. Mein Herz machte so ziemlich alles, außer normal zu schlagen. Den Großteil des Tages raste es wie verrückt, mit 160 bis 180 Schlägen in der Minute, aber es stolperte auch, setzte länger aus und was weiß ich noch alles. Das versetzte mich in Angst, genaugenommen in nahezu ständige Todesangst und das führte zu Durchfällen, die wiederum zu einer Verschlimmerung der Rhythmusstörungen führten, weil mein Körper dadurch eine Menge an Elektrolyten verlor. Es war ein Teufelskreis und ich kam einfach nicht heraus, obwohl ich, nach meinem damaligen Wissensstand, wirklich alles probierte. Ich suchte unzählige Ärzte aller Fachrichtungen auf und schluckte Antiarrhythmika, Beruhigungsmittel und Antidepressiva. Ich war in Psychotherapie und ließ schließlich sogar einen Eingriff durchführen, bei dem über einen Katheder mit Stromschlägen die Herzzellen zerstört wurden, die man für den falschen Rhythmus verantwortlich machte. Alles mit mehr als leidlichem Erfolg.

Das Leben ging nebenbei trotzdem weiter. Ich hatte verschiedenste Jobs, studierte wie gesagt Tiermedizin, heiratete. Es war sehr mühsam. Mal versuchte ich, die Beschwerden und die Angst zu verdrängen und dann kamen wieder die Phasen des Selbstmitleids und der Verzweiflung, in denen ich mich am liebsten den ganzen Tag heulend irgendwo versteckt hätte. Es schien einfach keine Lösung zu geben und so blieb mir nichts übrig, als einfach jeden Tag irgendwie hinter mich zu bringen. Am schlimmsten war gar nicht der normale Alltag. Am schlimmsten waren die Tage, die jeder andere Mensch genossen hätte. So wunderbare Dinge wie meine Hochzeit und die Hochzeitsreise auf die Malediven waren für mich einfach nur schrecklich, weil ich ja doch nichts davon hatte. In den gewohnten, alltäglichen Situationen wusste ich schon wie mein Herz und mein Darm reagierten, aber wenn alles neu war, konnte man nie wissen, wohin es führte. Und dann waren da noch eine Menge fremder Menschen, die ja nun nicht wirklich auch noch wissen mussten, wie es um mich stand. Auch Einladungen waren für mich ein Horror. Immer diese Unsicherheit, was gibt es zu essen, werde ich es vertragen, liegt das Klo in der Wohnung so, dass man im Wohnzimmer nicht hört, wenn ich Durchfall bekomme, gibt es genug Klopapier und ein Fenster im Bad, damit ich keinen Gestank hinterlasse, wie lange müssen wir nach dem Essen noch sitzen bleiben, bis wir ohne schlechtes Gewissen zurück nach Hause fahren können?

Wenn ich diese Dinge jetzt so niederschreibe, muss ich direkt darüber lachen, aber damals fand ich das gar nicht lustig, genaugenommen fand ich eigentlich überhaupt nichts lustig.

Mein Leben war ein einziger Kampf, jeden Tag galt es nur schnellstmöglich und ohne größere Katastrophen hinter mich zu bringen. Ich hasste mich selbst für das Leben, das ich führte. Ich war perfektionistisch und ehrgeizig und konnte mich einfach nicht damit abfinden, dass ich kein perfektes Leben führen konnte, egal wie sehr ich mich auch anstrengte. Und ich hasste meinen Körper, weil er mir einfach alles versaute. Nie konnte ich wissen, wann er wohl das nächste Mal versuchen würde, mich umzubringen oder mich zumindest in eine extrem peinliche Situation zu bringen.

Rückblickend gab es immer wieder dezente Hinweise darauf, doch mal abseits der ausgetretenen Wege nach Hilfe zu suchen. Da gab es zum

Beispiel die beste Freundin meiner Mutter, die bei ihren eigenen Problemen allerhand probierte, vom Familienstellen über Astrologie, bis hin zur Arbeit mit irgendwelchen Medien. Die Zeit war noch nicht reif, mich wirklich darauf einzulassen, aber diese Dinge faszinierten mich und ich war immer überzeugt, dass es mehr gibt, als das, was wir sehen.

Seit ich denken kann, kann ich mich in andere Leute einfach hineinversetzen, spüre dann ihre Gefühle und weiß genau, was in ihnen vorgeht. Nur dachte ich lange, das sei normal und jeder könne das. Außerdem bekomme ich in wirklich wichtigen Situationen meines Lebens recht eindringliche Botschaften von irgendwoher, die ich nicht ignorieren kann.

Am besten kann ich mich an den Moment erinnern, als ich das erste Mal vor der Haustür meines jetzigen Mannes stand.

500 km von meinem Wohnort entfernt stand ich mit meiner Cousine und deren Freund vor der Tür eines ihrer Bekannten, den wir abholen wollten, um zu viert den Abend zu verbringen. Ich las das Türschild mit dem Familiennamen, den ich nie zuvor gehört hatte und ertappte mich Sekunden später bei der Überlegung, ob ich den Namen annehmen oder doch lieber meinen Mädchennamen behalten sollte. Als der Fremde die Tür öffnete, dachte ich: „Ah, so sieht also mein Mann aus“.

Ich kenne diese Art von Informationen und für mich besteht und bestand nie auch nur ein klitzekleiner Zweifel an deren Richtigkeit. Von meinen eigenen Gedanken unterscheiden sie sich gar nicht so besonders stark, aber sie sind sehr klar und fühlen sich einfach durch und durch richtig an.

Der Abend zu viert war sehr lustig, aber es war nicht ganz leicht, nicht zu vergessen, dass ich meinen Mann noch gar nicht wirklich kannte. Die Vertrautheit, die zwischen uns vom ersten Moment an herrschte, war frappierend. Ich wollte ihn die ganze Zeit berühren, ihm aufs Knie greifen, seine Hand nehmen. Eigentlich schade, dass ich es nicht getan habe, denn er hätte sicher nichts dagegen gehabt und die Gesichter von meiner Cousine und ihrem Freund hätte ich gerne gesehen. Die beiden waren allerdings überrascht genug, als ich zwei Wochen später meine Zelte in Bayern abbrach und zu Christof nach Wien zog. Weitere vier Monate später wurde geheiratet. Das war vor elf Jahren.

Auch meine Cousine und ihr Freund sind inzwischen längst verheiratet, wenn auch nicht miteinander, aber das nur nebenbei.

Die erste Therapeutin, die mir wirklich weiterhalf, war Ninny. Meine Symptome konnte sie mir zwar nicht nehmen, aber sie stellte in Bezug auf die große Wende in meinem Leben ganz wichtige Weichen. Erst Jahre später, als sie mein Leben schon längst wieder verlassen hatte, konnte ich das ganze Ausmaß dessen erkennen, was sie für mich getan hatte.

Ninny war ein Pferd, eine Fjordstute. Ich bin ein großer Tierfreund. Lange habe ich eine tiefe Einsamkeit mit mir herumgetragen, fühlte mich unverstanden von den Menschen in meiner Umgebung. Der Umgang mit Tieren linderte diese Einsamkeit. Schon früh begann ich neben der Schule zu jobben, um mir das Reiten zu finanzieren. Die übliche Art des Reitens und der Kommunikation mit den Pferden, die man mir beibrachte, stellte ich nicht in Frage. Zwar fiel es mir schwer, schmerzhafte Repressalien einzusetzen, wenn das Tier nicht so wollte wie ich, aber getan habe ich es doch. Es leuchtete mir ein, dass es gefährlich wird, wenn das Pferd beim Reiten die Führung übernimmt und eine andere Methode kannte ich einfach nicht.

Mit Anfang zwanzig konnte ich mir endlich ein eigenes Pferd leisten und glücklicherweise war es extrem kooperativ, so dass ich mich nicht weiter damit auseinandersetzen musste, wie man kommunizieren kann, ohne sich gegenseitig weh zu tun. Aber kurz darauf heiratete ich und mein Mann Christof wollte mein Hobby gerne teilen. Also begaben wir uns auf die Suche nach einem Reitpferd für ihn.

Über einen damaligen Bekannten landeten wir bei einem richtigen Pferdehändler, vom ganz alten Schlag, sehr sympathisch war er mir nicht. Der Stall, in dem die Pferde bis zum Verkauf untergebracht waren, war so finster, dass man kaum etwas erkennen konnte und die Tiere standen angebunden mit dem Gesicht zur Wand. Beim Betreten, noch an der Tür, sah ich diesen Hintern im Halbdunkel und da war es wieder, dieses Wissen von irgendwoher, das keinen Zweifel duldet und keinen Widerspruch. Ohne es auch nur von vorne gesehen zu haben, wusste ich genau: Das ist mein Pferd, ich muss es haben.

Dass eigentlich mein Mann ein Reitpferd suchte und Ninny viel zu klein für ihn war, sollte nicht das einzige Problem bleiben, das sich stellte. Als ich dem Händler mein Interesse kundtat, meinte der nur: „Das ist aber nicht so nett, wie es ausschaut, nehmen´s doch lieber ein anderes“. Nein, ich wollte dieses, aber ein paar Minuten später hatte ich bereits eine ungefähre Vorstellung davon, was er gemeint hatte. Ganz offensichtlich war diese Stute schwer misshandelt worden. Der Pferdehändler erzählte uns, dass er sie einem Bauern abgekauft hatte, der sie gemeinsam mit seinen Kühen in einem dunklen Stall angebunden hatte, wo sie völlig mit Kuhdung verdreckt ihr Leben fristete. Aber schlechte Haltung allein konnte sie nicht zu dem gemacht haben, was sie war, sie musste noch ganz andere Dinge erlebt haben. Beim Putzen zitterte sie am ganzen Körper und blieb keine Sekunde ruhig stehen. Wäre sie nicht angebunden gewesen, sie wäre auf Nimmerwiedersehen in rasendem Galopp verschwunden.

Die Angst in diesem Pferd überwältigte mich, noch nie hatte ich soviel Panik in einem Wesen gespürt, außer in mir selbst. Heute weiß ich, dass Ninny deshalb den Weg zu mir gefunden hat, weil sie mich perfekt spiegelte. Sie trug dieselbe Angst in sich wie ich. Eine Angst, die so stark war, dass sie jeden anderen Eindruck überlagerte. Immerzu stand für uns beide nur diese eine Frage im Vordergrund: „Was passiert im nächsten Moment?“

Genau wie ich war sie ein Opfer. Sie war ein Opfer der Menschen, während ich ein Opfer meines Körpers war, aber das Endergebnis war das gleiche.

Als der Sohn des Händlers einen Sattel brachte, damit ich sie kurz reiten konnte, begann sie angebunden am Putzplatz zu buckeln, zu springen und sich aufzubäumen. Irgendwie schaffte er es aber doch, sie zu satteln, während ich ihm aus sicherer Entfernung fassungslos zuschaute. Er führte sie auf einen kleinen Reitplatz, ich saß auf und ohne größere Zwischenfälle führte er mich ein paar kleine Runden im Schritt herum. Auf einem Pulverfass mit gezündeter Lunte hätte ich mich nicht unwohler fühlen können. Ich war eine erfahrene, sichere Reiterin, aber ich hatte es mehr als eilig von diesem Pferd wieder abzusteigen, das jeden Moment explodieren konnte.
Überrascht war ich nicht gerade von meinem Reiterlebnis. Nachdem ich Ninnys Angst am eigenen Körper fühlen konnte und gesehen hatte, wie schlimm es für sie war, geputzt und gesattelt zu werden, war es eher verwunderlich, dass sie es überhaupt zuließ, dass man sich auf ihren Rücken setzte.

Mein Bauchgefühl, oder wenn man so will, meine geistigen Führer, sagten mir, dass es immens wichtig für mich war, dieses Nervenbündel mit nach Hause zu nehmen. Auch mein Herz war voll und ganz dafür, ich hatte den tiefen Wunsch, diesem Tier zu helfen, seine Angst zu besiegen. Ich wollte ihm nach seinen schlechten Erfahrungen ein glückliches Leben bieten können.

Sie können es sich sicher schon denken, es ging hierbei vor allem um meine eigene Angst. Ich war damals weit entfernt davon, dies zu erkennen. Aber das machte nichts, ich hatte Gott sei Dank gelernt, auf meine Gefühle zu hören, auch wenn es kein einziges, dem Verstand zugängliches Argument dafür gab, dieses komplett verstörte Pferd zu kaufen.

Jetzt galt es für mich nur, meinen Mann zu überzeugen. Der Pferdehändler war ein Meister seines Faches. Er hatte mit einem Blick erkannt, dass ich mein Herz verloren hatte, auch wenn er mich deswegen vermutlich für wahnsinnig hielt. Der Preis, den er für die unreitbare Stute forderte, war unverschämt und er ließ nicht mit sich handeln.

Unnötig zu sagen, dass Christof alles andere als begeistert davon war, dass wir eine recht große Summe Geld ausgeben sollten, um uns, so sah es nun mal aus, nichts als eine riesige Belastung aufzuhalsen. Zugegebenermaßen waren meine Argumente auch mehr als dürftig, ich hatte nur dieses eine:
„Ich kann es dir nicht erklären, aber es ist wirklich wichtig."

Wir kauften Ninny. Mein Mann kann nämlich sehr schlecht nein sagen, zumindest mir gegenüber. Weil wir keinen Pferdehänger dabei hatten, konnten wir sie nicht gleich mitnehmen aber gleich am nächsten Tag holten wir sie und, das musste man ihr lassen, sie zu verladen war ein Vergnügen. Sie stand schneller in dem Anhänger, als wir schauen konnten.

Zu Hause zeigte sich schon bald, dass die Aufgabe, die ich mir da ausgesucht hatte, noch wesentlich schwerer war, als ich es mir je hätte vorstellen können. Jeden Tag fanden wir etwas Neues heraus, mit dem Ninny ein riesen Problem hatte. Zunächst einmal war es für sie natürlich schrecklich, in eine neue Umgebung zu kommen, einen Reitstall, wo täglich viele Menschen ein und aus gingen und auch mehrere verschiedene Personen mit der Pflege der Pferde betraut waren. Ninny war recht klein und strubbelig, jeder wollte sie angreifen, vor allem die Kinder und sie fand es einfach nur furchterregend. Vor Kindern hatte sie besondere Angst, weil die sich so schnell bewegten. Für Ninny war es wichtig, die Bewegungen, die man in ihrer Gegenwart ausführte, genau beobachten und nachvollziehen zu können. Sobald man die Hand über Hüfthöhe anhob, war sie in höchster Alarmbereitschaft.

Um ihr Vertrauen zu gewinnen, wollte ich in den ersten Tagen nur solche Dinge mit ihr machen, die für sie angenehm waren. Ich fand nur leider nichts. Sie wollte weder geputzt noch gestreichelt werden und wenn ich sie einfach nur in ihrer Box besuchte, fand sie das mehr als verdächtig. Als ich mit ihr zu einer großen Wiese ging, um sie grasen zu lassen, musste ich erkennen, dass ihr auch das keine Freude machte. Sie kannte das nicht, wusste ganz offensichtlich nicht, dass man Gras fressen konnte und stand nur wieder da, mit diesem Blick voller Panik, bereit, beim ersten Anzeichen einer Gefahr abzuhauen. Abhauen war überhaupt ihre Lieblingsbeschäftigung. Sie tat es mehrmals täglich, vor allem dann, wenn der Stallbursche sie auf die Koppel führen wollte. Schließlich weigerte er sich und ich musste täglich selbst vor und nach der Uni, denn ich war mitten im Studium, in den Stall fahren, um sie hinauszubringen und sie am Abend wieder zurück in den Stall zu führen. Von allen Menschen hatte sie zu mir zwar das größte Vertrauen, aber wirklich groß war es nicht.

Immer wieder versuchte ich auch, mich auf ihren Rücken zu setzen. Gleich der erste Versuch endete für mich im Krankenhaus, wo ich von oben bis unten geröntgt wurde. Ich hatte gerade mein Bein über den Sattel geschwungen, mich noch nicht mal richtig aufgerichtet, als Ninny schon zu buckeln begann. Dies blieb nicht unser einziger Unfall, aber glücklicherweise habe ich mir nie wirklich ernsthafte Verletzungen zugezogen. Oft konnte ich allerdings wochenlang fast nicht gehen, weil ich so viele Prellungen hatte. Wie gesagt konnte ich zwar wirklich gut reiten, aber Ninny konnte dafür wirklich gut buckeln. Sie bockte so, wie man es aus Comiczeichnungen kennt. Sie bildete dabei in der Luft einen nahezu perfekten umgekehrten Kegel. Alle vier Beine trafen sich in der Mitte unter dem absolut runden Rücken und ich wurde dabei erst einmal ein gutes Stück in die Höhe geschleudert, bevor ich dann, meist Kopf oder Schulter voraus, unbarmherzig im Boden einschlug. Sie buckelte bei weitem nicht jedes Mal, wenn ich sie reiten wollte, aber wenn sie es tat, dann so lange, bis ich auch wirklich unten war. Auch wenn sie mehrmals ansetzen musste, wenn sie nicht wollte, dann wollte sie nicht.

Ich gab nicht auf und beschäftigte mich jeden Tag mit ihr. Ganz langsam und fast unmerklich wurde unser Verhältnis zwar besser, aber ein gewisses Misstrauen blieb; und zwar auf beiden Seiten. Ich weiß nicht, wie oft ich Rotz und Wasser geheult habe, weil ich einfach nicht weiter wusste und all meine Bemühungen, mich mit ihr anzufreunden nicht so fruchteten, wie ich mir das vorstellte. Trotzdem liebte ich sie abgöttisch. Zu Simon, meinem anderen Pferd, hatte ich nie ein annähernd so tiefgehendes Verhältnis, obwohl - oder vielleicht auch gerade weil - mit ihm alles problemlos lief.

Nach etwa einem halben Jahr kam schließlich aber doch der Tag, an dem ich einsehen musste, dass ich mit meinem Latein am Ende war und wir so nicht weiterkamen. Ich hatte gerade einen besonders schmerzhaften Sturz hinter mir, nachdem ich wieder einmal geglaubt hatte, dass mir das jetzt nicht mehr passieren würde, weil wir uns schon so gut kannten.

Dem Druck eines herkömmlichen Pferdetrainings wollte ich Ninny keinesfalls aussetzen, sie sollte nicht noch mehr Angst bekommen, sondern Spaß daran haben, geritten zu werden. Also klemmte ich mich hinter den Computer und suchte im Internet nach einem sogenannten Pferdeflüsterer.
Ich fand einen, den ich vor etlichen Jahren auf einer Pferdemesse in Bayern sehr bewundert hatte. Seinen Namen hatte ich mir zwar nicht gemerkt, aber auf dem Foto erkannte ich ihn gleich wieder. Er hatte mit seinem Hengst wundervolle Dinge in Freiarbeit, also ohne jegliche Hilfsmittel, vorgeführt. Es hatte mich schwer beeindruckt, dass ein Pferd, das sich mehr als zwanzig Meter von seinem Trainer entfernt befand und eigentlich machen konnte, was es wollte, auf jede kleine Bewegung des Mannes reagierte und dabei auch noch Freude zu haben schien.
Der sollte es sein und wie das so ist, wenn das Universum positives Feedback gibt, weil man dabei ist, einen richtigen Weg einzuschlagen, bekam ich sofort einen Trainingsplatz für Ninny.

Mit einer Unterbrechung waren wir insgesamt sechs Monate bei Markus und seinem Team. Nach den ersten drei Monaten, brachten wir sie erst mal wieder für eine Zeit nach Hause, weil ich das Gefühl hatte, dass wir beide, also sie und ich, vorübergehend die Grenze unserer Aufnahmefähigkeit erreicht hatten. Das Gelernte sollte sich erst mal setzen und außerdem war es mir wichtig herauszufinden, ob ich es auch ohne Hilfe anwenden konnte. Ein Jahr später hängten wir dann nochmal drei Trainingsmonate an.

Ich bin für diese Zeit nach wie vor sehr dankbar. Sie war sehr intensiv und was ich lernen durfte, konnte ich bei weitem nicht nur für den Umgang mit Pferden brauchen. Ninny war die ganze Woche dort und am Wochenende fuhren mein Mann und ich die 300 Kilometer, um das zu erarbeiten, was man ihr von Montag bis Freitag beigebracht hatte.

Bei der Methode des Natural Horsemanship muss in erster Linie der Mensch umdenken, denn die Kommunikationsform über die Körpersprache entspricht der des Pferdes in der Natur. Als Fluchttier kann es in sein Gegenüber quasi hineinschauen, nimmt das kleinste Detail der Bewegungen und der Körperhaltungen auf. Das Zebra sieht auf den ersten Blick, ob der Löwe Hunger hat, sein Leben hängt davon ab. Und auch das Pferd im Stall registriert genau die Stimmungen seines Menschen, spürt dessen innere Konflikte und spiegelt sie. Was es am meisten verunsichert ist, wenn der Mensch nicht authentisch ist, seine Körpersprache mit dem, was das Pferd auf einer anderen Ebene von ihm empfängt, nicht übereinstimmt. Wenn er also zum Beispiel auf großer Macker macht und Druck ausübt, obwohl er in Wirklichkeit unsicher ist.

All das war völlig neu für mich. Nie zuvor hatte ich mir bewusst gemacht, dass sich die negativen Gefühle in meinem Inneren in irgendeiner Form auf etwas auswirken könnten, was sich außerhalb von mir befindet. Ganz langsam und ohne dass mich jemand konkret darauf hinwies, bekam ich eine Ahnung davon, dass man innerlich aufräumen muss, bevor man erwarten kann, dass im Außen alles glatt läuft.
Diese Erkenntnis brachte eine große Wende im Verhältnis zwischen Ninny und mir. Die vollständige Auflösung meiner emotionalen Blockaden war gar nicht nötig, damit sie anders auf mich reagierte. Es reichte ganz offensichtlich zunächst einmal aus zu wissen, um was es hier ging.

Wie ich mittlerweile weiß, funktioniert das Universum perfekt. Bei allem was man tut, sagt und denkt, bekommt man einerseits innerlich über das Gefühl und anderseits auch über Erlebnisse im Außen eine Rückmeldung darüber, ob man in der richtigen oder in der falschen Richtung unterwegs ist. Jedes Problem, das sich stellt, ist in Wirklichkeit nur ein Wegweiser, der einem bei der Orientierung helfen soll und jeder Schritt auf dem richtigen Weg wird sofort belohnt.

Eine weitere sehr wichtige Erfahrung war es für mich zu erkennen, dass, wenn sehr viele Menschen etwas schon sehr lange auf eine bestimmte Art und Weise tun, das noch lange nicht heißt, dass dies auch der beste Weg ist, es zu tun. Die Unterschiede zwischen Markus Arbeit und der jahrhundertealten klassischen Reitlehre waren eklatant, aber Ninny zeigte uns sehr deutlich, von welcher Methode sie mehr hielt. Auch die anderen Pferde und Reiter schienen mir hier viel glücklicher als anderswo.

Natürlich muss jeder seinen eigenen Weg finden, es gibt nichts zu ändern, wenn alles gut läuft. Aber ich hatte mir lange genug damit die Zähne ausgebissen, indem ich versuchte mit Ninny so zu kommunizieren, wie ich es bisher mit Pferden getan hatte und eines war auch mir klar: Wenn man es auf eine Art oft genug probiert hat und nichts dabei rausgekommen ist, sollte man es wirklich auf eine andere Art probieren. Ein alter Weg wird immer zu alten Ergebnissen führen und diese Ergebnisse gefielen mir nicht.

Als wir nach dem zweiten Trainingsaufenthalt wieder zu Hause ankamen, war Ninny fast ein ganz normales Pferd. Sie war immer noch wachsam und vorsichtig, aber man konnte ganz normal mit ihr umgehen. Sie ließ sich auch von anderen problemlos führen, putzen und sogar reiten. Schon seit ihrer allerersten Woche bei Markus hatte sie, nachdem sie ihn circa fünfmal galant in den Sand gesetzt hatte, nie wieder gebuckelt. Er war einfach jedes Mal immer sofort wieder aufgestiegen und das war nicht exakt das, was sie erreichen wollte. Nur eine einzige Macke war ihr geblieben, sie wollte in der Reithalle nicht im Kreis galoppieren, es musste entweder eine Acht sein, oder eben eine eckige Runde, ganz außen herum. Damit konnte ich gut leben.

Doch nicht nur sie, auch ich hatte mich verändert. Ich hatte so viel gelernt über Pferde, mich selbst und das Leben. Ich hatte eine wirklich gute Freundin und eine Menge Selbstvertrauen gewonnen. Es machte mich stolz, dass ich meine Angst, Ninny zu reiten, immer wieder überwunden hatte, so lange bis sie schließlich ganz weg war und dass ich es, wenn auch mit großer Hilfe, wirklich geschafft hatte, dass sie glücklich war und das Leben genoss.

Ich wusste auch, dass ich weiter an mir arbeiten wollte, um den Rest meiner Angst und meine körperlichen Symptome loszuwerden. Zwar war mir nicht ganz klar wie, doch auch hier wollte ich nun auf völlig neuen Wegen nach einer Lösung suchen.

Etwa ein halbes Jahr später putzte ich gerade unser Bad, als ich einen Anruf vom Besitzer unseres Reitstalls erhielt. Er teilte mir mit, dass sich Ninny auf der Koppel einen offenen Beinbruch oberhalb des Sprunggelenks zugezogen hatte, den er sich nicht erklären konnte. Ich stand kurz vor dem Abschluss meines Studiums in Tiermedizin und wusste sofort, dass es für ein Pferd bei einer solchen Verletzung nicht die geringste Chance auf Heilung gab. Ich bin dankbar, dass es keine schwere Entscheidung zu treffen gab.

Ich rief meinen Onkel an, der gleichzeitig mein Tierarzt war und wesentlich näher am Stall wohnte als ich. Ich bat ihn sofort hinzufahren, um sie einzuschläfern und nicht auf mich zu warten. Dann rief ich meinen Mann an, der sofort von der Arbeit nach Hause kam. Als ich gemeinsam mit ihm im Stall eintraf, war Ninny schon tot, aber ich setzte mich zu ihrem leblosen Körper, um von ihr Abschied zu nehmen. Erstaunlicherweise war der Schmerz zu ertragen. Wieder einmal war es mein Draht in die geistige Welt, der mir weiterhalf. Genau wie früher konnte ich ihre Schwingung spüren, nur war da keine Angst mehr, sondern ich fühlte, dass sie gelöst und glücklich war. Durch meine Tränen hindurch konnte ich die Vollkommenheit dessen wahrnehmen, was passiert war.

Bereits an dem Tag drei Jahre davor, als wir Ninny dem Pferdehändler abkauften, war sie eigentlich dem Tode geweiht. So gestört wie sie war, wäre sie mit sehr hoher Wahrscheinlichkeit früher oder später beim Schlachter gelandet. Doch so wollte sie diese Welt nicht verlassen. Sie

wollte in Frieden gehen und mit dem Wissen, dass da jemand auf ihrer Seite war. Das hatte sie erreicht, sie ging als glückliches Pferd.
Und noch etwas hatte sie erledigt, sie hatte mich auf meinen Weg gebracht, in ein bewussteres Leben.Mehr gab es nicht zu tun.

Ihr Todestag war der 02.03.2004. Ist das nicht ein schönes Datum?
Das Geschenk, das sie mir hinterließ war so groß, dass es mich davor bewahrte, in ein tiefes Loch zu fallen. In keiner Sekunde war meine Trauer über den Verlust größer als meine Dankbarkeit für das, was wir erlebt hatten. Wir hatten wirklich viel erreicht.
Mit dem Entschluss, bei ihrem Übergang nicht dabei gewesen zu sein, habe ich nie gehadert. Es hätte es uns beiden nicht leichter gemacht und es war alles gesagt zwischen uns.
Noch oft hatte ich danach beim Spazierengehen das Gefühl, dass sie schnaubend neben mir herging.

Genau zwei Jahre nach ihrem Tod kam in unserem Stall ein Araberhengstfohlen auf die Welt, zu dem ich mich von Anfang an hingezogen fühlte. Als es etwas mehr als ein Jahr alt war, wurde es verkauft und verschwand. Ich war ein wenig traurig, doch schon bald dachte ich nicht mehr daran. Neun Monate später brachte die neue Besitzerin den Hengst plötzlich zurück und da wurde mir klar, dass er mein Pferd sein wollte.
Er hat sehr viel von Ninny. Wir können uns ganz ineinander einfühlen und haben eine besondere Beziehung zueinander.
Der Gedanke gefällt mir, dass ihre Seele, oder zumindest ein Teil davon, zu mir zurückgekommen ist, um noch etwas Zeit mit mir zu verbringen. Jetzt, da wir es beide noch besser genießen können.

Gabriela

Ich hatte also beschlossen, dass ich etwas ändern wollte und Ninny hatte mir gezeigt, dass ich mehr war als ein hilfloses Opfer. Ich konnte durchaus etwas bewegen, wenn ich nur die erfolglosen alten Methoden gegen neue ersetzte. Wie gesagt, der konkrete Plan war noch nicht da, aber den brauchte ich auch gar nicht, mal wieder kamen die Dinge auf mich zu.

Eines schönen Nachmittags rief mich meine Mutter an und gab mir, auf Empfehlung von ihrer Freundin, die Telefonnummer von einem Medium. Sie meinte, ich sollte dort doch einfach einmal anrufen, vielleicht würde mir das ja weiterhelfen.
Ich fand die Idee spannend und hatte nichts zu verlieren, doch die Frau erklärte mir, gleich nachdem ich ihr meinen Namen genannt hatte, dass sie nicht die richtige Hilfe für mich sei. Ich bräuchte eine richtige Heilerin und sie wisse da jemanden. Mich beeindruckte das schwer und bei meinem nächsten Telefonat hatte ich gleich ein noch besseres Gefühl.

So lernte ich Gabriela kennen. Da sie drei Autostunden von mir entfernt lebte, hielt sie sich für den Termin, den sie mir gab, gleich den ganzen Vormittag frei. Ich war ziemlich aufgeregt, als ich an jenem Tag schon um sechs Uhr morgens ins Auto stieg. Meine Erwartungen waren riesig und sie sollten nicht enttäuscht werden. Gabriela wirkte wie ein Engel auf mich, sie war einfach nur hell und warm. Vom ersten Moment an fühlte ich mich gut bei ihr aufgehoben und es faszinierte mich, wie sie arbeitete. Auch sie war das, was man unter einem Medium versteht. Das Gespräch mit mir führte sie zwar als Gabriela und in ihrem normalen Bewusstseinszustand aber sie teilte mir mit, dass sie gleichzeitig auch mit Engeln sprach und mir deren Botschaften übermittelte. Tatsächlich war es für mich offensichtlich, dass sie neben mir noch jemand anderem zuhörte. Immer wieder lächelte sie ohne sichtbaren Anlass oder kicherte sogar und manchmal sagte sie zwischendurch so Dinge wie: „Wie meint ihr das jetzt genau?“

Natürlich konnte mein Verstand mir nicht erklären, was ich hier erlebte, doch es fühlte sich gut und richtig an und es fiel mir leicht einfach zu vertrauen. Ich selbst hatte schließlich auch schon öfter diese wertvollen Mitteilungen von irgendwoher bekommen, selbst wenn ich im Gegensatz zu Gabriela nicht wirklich wusste woher.

Was mir gesagt wurde, war völlig neu für mich. Aus meiner Psychotherapie, die ich nach einem Jahr abgebrochen hatte, weil mein Zustand völlig unverändert blieb und sie doch recht kostspielig war, kannte ich es, dass man in meiner Kindheit nach den Ursachen für meine Symptomatik suchte. Immer wieder hatte ich gemeinsam mit der Therapeutin nach traumatischen Erlebnissen geforscht. Ich sollte sie beim Erzählen wieder durchleben und meine Gefühle wahrnehmen. Ich sollte meine Wut spüren und schließlich wurde ich sogar aufgefordert, meine Eltern persönlich damit zu konfrontieren, wie sehr sie mich verletzt hatten.
Dies hatte dann auch fast zum Bruch mit meinen Eltern geführt, denn sie wollten nicht so richtig konfrontiert werden, zumindest nicht auf die Art, wie ich es tat. Ich handelte mir damit selbst nur neue Verletzungen ein, weil ich das Verhalten meiner Eltern als Gleichgültigkeit interpretierte.
Aus heutiger Sicht nur ein klarer Fall von negativer Rückmeldung des Universums, um mir zu verstehen zu geben, dass dies der falsche Weg war, mein Problem zu lösen.

Wenn ich immer wieder vom „Universum“ spreche, meine ich das, wofür es so viele Namen gibt, wie z. B. Gott, Matrix oder alles was ist. Ich meine das, was in uns ist und um uns herum, einfach überall, in allem was lebt und in allem was nicht lebt. Man könnte es als Essenz bezeichnen, als Intelligenz oder einfach als Energie. Ich kann es nicht wirklich erklären, aber ich weiß, dass es da ist und dass darin ganz konkrete Regeln herrschen, die immer wirken, ob man sie nun kennt oder nicht. Wenn man sie kennt und auch anwendet, ist das Leben auf einmal spielerisch leicht, das kann ich Ihnen aus eigener Erfahrung berichten.

Trotzdem möchte ich diese Regeln hier nicht einfach aufzählen, Sie bekommen sie in einer Menge guter Bücher recht übersichtlich präsentiert. Mir liegt daran, anhand meiner persönlichen Erlebnisse zu beschreiben, wie sie sich praktisch auswirken und wie ich einige von ihnen selbst entdeckt habe, wenn auch natürlich nicht als Erste. Für den Fall, dass Sie selbst ein Experte auf dem Gebiet der universellen Gesetze sind, sehen Sie es mir bitte nach, wenn ich dabei womöglich ein ganz wichtiges vergesse oder ein anderes recht unkonventionell formuliere.

Jenes, das ich in diesem Buch schon mehrmals angesprochen habe, ich nenne es „Feedback-Gesetz", begegnet einem mit der entsprechenden Aufmerksamkeit eigentlich den ganzen Tag über. Alles, was ist, ist so umfassend miteinander vernetzt, dass sich das, was ich bin, sage, denke und tue auf alles andere auswirkt und auch zu mir selbst in Form einer Rückmeldung zurückkommt.
Die erste Wirkung ist ein Gefühl. Sofort spürt man, ob einem das, was man macht, gut tut oder nicht. Ignoriert man das Gefühl und macht auf die gleiche Art weiter, wird die Rückmeldung deutlicher. Vielleicht in Form einer sehr starken Empfindung, eines körperlichen Symptoms oder aber einer äußeren Begebenheit.
Unangenehme Rückmeldung bedeutet also: „Bitte etwas ändern".
Angenehme Rückmeldung bedeutet: „Super, genau so weitermachen".
Daraus ergibt sich wiederum die logische Schlussfolgerung, dass alles vermeintlich Negative, das uns begegnet, höchst bedeutungsvoll und sinnhaft für uns ist. Der Satz „auf dem richtigen Weg gehen die Türen von alleine auf" drückt positiv formuliert genau das gleiche aus.

An jenem Vormittag bei Gabriela kam ich zum ersten Mal mit dieser Sichtweise in Berührung. Für sie waren meine Rhythmusstörungen nicht irgendwelche Verrücktheiten meines Körpers, die es zu unterdrücken galt, sondern die Art meiner Seele mir zu sagen, dass es einiges zu ändern gab. Nur weil ich die Botschaft so lange ignoriert hatte und stur so weiter gemacht hatte wie bisher, waren die Beschwerden immer schlimmer geworden. Sie vermittelte mir, dass es nun wichtig war zu schauen, was ich ändern sollte, womit ich nicht glücklich war - dann würde ich die Störungen nicht mehr brauchen.

Zu den Dingen, die mich in meinem Leben störten, fiel mir so einiges ein.
Da war zunächst einmal das Verhältnis zu meinen Eltern, das mich sehr belastete. Sie hatten mich sehr früh bekommen, als sie beide noch zur Schule gingen. Ich verbrachte meine ganze Kindheit hindurch viel Zeit bei meiner Großmutter und meiner Tante und hatte oft das Gefühl, meinen Eltern lästig zu sein und von ihnen nicht geliebt zu werden. Als Einzelkind aufgewachsen, bekam ich kurz vor meinem Abitur einen Bruder, demgegenüber meine Eltern sich völlig anders verhielten, was meinen Schmerz noch vergrößerte. Vor allem mein Vater war wie ausgewechselt. Ich kannte ihn als cholerischen Pedanten, dem ich besser aus dem Wege ging, während er im Umgang mit meinem Bruder liebevoll und fürsorglich war, immer bereit, beide Augen zuzudrücken. Das sollte sich also ändern. Meine Eltern sollten mir gegenüber liebevoller sein und nach Möglichkeit am besten meinen Bruder zur Adoption freigeben.

Letzteres erwähnte ich Gabriela gegenüber natürlich nicht, ich wäre mir dumm und kindisch vorgekommen, aber empfunden habe ich es doch so.

Dann war da noch mein Mann, der viel zu viel arbeitete. Bis zu 90 Stunden pro Woche verbrachte er in einer Firma, die es ihm meiner Ansicht nach noch nicht einmal dankte, während ich mich oft einsam fühlte. Seine knappe Freizeit verschlief er.
Und nicht zu vergessen meine Chefin in der Tierklinik, die ich am Anfang des ersten Kapitels ja schon erwähnt habe. Auch sie hatte mich von Anfang an mit der ganzen Verantwortung alleine gelassen und dachte nicht im Traum daran, mir etwas zu erklären oder mir wenigstens die Gelegenheit zu geben, ihr als erfahrene Tierärztin zuschauen zu können.

Nachdem ich mit meiner Aufzählung fertig war, machte mich Gabriela zunächst einmal darauf aufmerksam, dass es in meinem Leben ganz offensichtlich nur ein einziges Problem gab, das mit leichten

Abwandlungen in den verschiedenen Lebensbereichen immer wieder auftauchte. Das Alleinsein zog sich durch mein Leben. Ich war einsam, fühlte mich seit meiner Kindheit von allen wichtigen Bezugspersonen immer wieder im Stich gelassen und war oft damit konfrontiert, wichtige Entscheidungen, mit denen ich mich völlig überfordert fühlte, ganz alleine treffen zu müssen. Wie recht Gabriela doch hatte. Das Muster meiner Kindheit hatte sich auch in meinem Erwachsenenleben ordentlich breit gemacht und es war mir noch nicht einmal aufgefallen. Ich war jetzt schon beeindruckt von meiner neuen Therapeutin, aber sie hatte noch gar nicht richtig angefangen.

Als nächstes erklärte sie mir, dass ich keineswegs ein zufälliges Opfer verantwortungsloser, unzuverlässiger Menschen sei, sondern dass sich die Menschen in meinem Umfeld zur Verfügung stellten, mir etwas vorzuspiegeln, was ich in meinem Inneren trug und was nur in meinem Inneren gelöst werden konnte. Niemals würde sich an meiner Situation etwas ändern können, solange ich in der Opferhaltung verharrte. Ich machte die anderen dafür verantwortlich, dass es mir schlecht ging und wartete darauf, dass sie etwas änderten. So würde es nicht funktionieren.

Leidensdruck bedeutet, dass etwas verändert werden sollte und der Leidensdruck war ganz eindeutig auf meiner Seite. ICH musste etwas ändern.

Es kam noch besser, sie sagte sogar, solange ich nichts ändern würde, könnten meine Mitmenschen gar nicht anders, als mich alleine zu lassen, weil sie nach universellem Gesetz gezwungen waren, mein inneres Drama im Außen zu spiegeln.

Puh, das war hart für mich und völlig neu. Aber Gabriela konnte gut erklären, vielleicht halfen ihr hie und da auch die Engel weiter, ich weiß es nicht. Jedenfalls hatte sie auf jede meiner Fragen eine plausible Antwort parat und ihre Argumente, sogar ihre Wortwahl schienen auf mich abgestimmt zu sein. Ich bin ein anspruchsvoller und spitzfindiger Diskussionspartner, aber mit allem was sie sagte, überzeugte sie mich nicht nur, sie berührte mich auch.

„Heißt das, ich bin selber schuld an meiner Krankheit?“ fragte ich.
„Es gibt keine Schuld, alles was in dieser Welt geschieht, ist richtig. Alles was dir geschieht, ist genau richtig für dich. Aber du bist verantwortlich, du triffst die Wahl. Du hast entschieden, dass du einen größeren Leidensdruck brauchtest um bereit zu sein, etwas zu verändern, weil du stark bist und leichten Druck gut aushalten kannst. Warum gefällst du dir in der Rolle des Opfers? Wenn du anerkennst, dass du dich in diese Situation gebracht hast, erkennst du auch, dass du dich wieder herausholen kannst. Ist das nicht wunderbar? Ist das nicht viel besser, als zu warten, bis jemand anderer dich herausholt?“
„Nun gut, wenn das alles so leicht ist, bitte, dann ändere ich etwas. Was soll ich deiner Meinung nach ändern?“
„Was könntest du dir vorstellen?“
Das war nicht leicht, darüber musste ich ein paar Minuten nachdenken, aber Gabriela drängte mich nicht. Schließlich sagte ich:
„Ich könnte mir vorstellen, dass es vielleicht gut wäre zu kündigen, der Job tut mir nicht gut.“
Gabriela lachte. Oder waren es die Engel?
„Du fängst schon wieder im Außen an. Wenn du nur die äußeren Bedingungen veränderst, bleibt das Problem bestehen, du nimmst es mit. Du wirst sehen, du suchst dir einen neuen Job und nach kurzer Zeit stellst du fest, du hast das gleiche in grün. Das was dich an deiner alten Stelle am meisten gestört hat, ist plötzlich wieder da. In dir drin musst du aufräumen.“

Jetzt war der Punkt erreicht, an dem mir wirklich nichts mehr einfiel. Wie in Gottes Namen sollte ich in meinem Inneren aufräumen?

„Es ist schon mal ein guter Anfang, wenn du erkennst, dass das, was dir passiert, mit dir selbst zu tun hat“, sagte Gabriela.
„Wenn du die anderen nicht mehr für die Situation, in der du steckst verantwortlich machst, musst du ihnen auch nicht mehr böse sein. Du kannst verzeihen, mehr noch, du kannst ihnen sogar dankbar sein. Sie alle haben dir geholfen, an einen Punkt zu kommen, an dem du bereit

bist, dein Leben völlig zu überdenken. Weil du es wolltest. Weil du jetzt die Reife hast, für diesen großen Entwicklungsschritt."

Für mich war das ziemlich viel auf einmal. Erst nach und nach offenbarte sich mir später, was mir hier eigentlich vermittelt wurde. Jedenfalls hatte ich so viel verstanden, dass Gabriela nicht der Meinung war, dass ich ein hilfloses Opfer sei. Zwar gefiel mir der Gedanke nicht besonders, dass ich mir meine missliche Lage selber eingebrockt haben sollte, aber die neue Perspektive mir selbst helfen zu können, erschien mir sehr verlockend. Außerdem war ich erleichtert, dass Gabriela mich nicht wie meine Psychotherapeutin mit den Gefühlen meiner Kindheit in Kontakt bringen wollte. Sie schien sich überhaupt nicht besonders dafür zu interessieren, wie es dazu gekommen war, dass es mir so ging. Sie wollte einfach nur, dass ich es akzeptierte und mir anschaute, was ich daraus lernen konnte.

Nach dieser intensiven Unterhaltung durfte ich mich auf die Behandlungsliege legen und sie legte mir die Hände auf. Ich war völlig steif und beobachtete mit weit aufgerissenen Augen jede ihrer Bewegungen. Gabriela war die Ruhe selbst, schien völlig versunken mit geschlossenen Augen und einem leichten Lächeln auf den Lippen. Sanft berührte sie mich an verschiedenen Stellen und obwohl sie wenig machte, reagierte mein Körper sehr stark, was mich noch mehr verunsicherte. Ich fühlte mich kurzatmig, hatte Herzklopfen und mir war abwechselnd heiß und kalt. Ich müsste lügen, wenn ich sagen würde, dass ich diese erste Behandlung genossen habe, trotzdem war es selbstverständlich für mich, einen weiteren Termin zu vereinbaren. Ich wollte unbedingt wiederkommen, allein schon wegen des interessanten Gesprächs.

Auf meiner langen Heimfahrt hatte ich tausend Gedanken auf einmal im meinem Kopf. Ich war hundemüde, als hätte ich den ganzen Tag bei körperlicher Betätigung an der frischen Luft verbracht und ich war überglücklich, weil ich wieder eine Perspektive hatte.

Wie oft hatte ich es erlebt, dass mir irgendjemand einen ganz besonderen Spezialisten empfohlen hatte. Wenn ich dann einige Wochen auf den Termin warten musste, nahm ich noch weniger am Leben teil, als ich es ohnehin tat. Nur die Zeit sollte vergehen und der Arzt endlich der ersehnte Retter sein, auf den ich so verzweifelt wartete. Ich weiß selbst nicht mehr, was ich mir damals eigentlich erwartete. Irgendwie hoffte ich auf das Wunder, dass jemand irgendetwas in meinem Körper finden würde, was meinen Zustand erklären konnte und zudem noch leicht zu beheben war. Etwas, das alle anderen davor übersehen hatten. Also zum Beispiel ein verschobener Brustwirbel, der irgendeinen Nerv irritiert, ein störender Zahn oder etwas in der Art. Im Endeffekt war es dann aber doch immer wieder der gleiche Ablauf:

Der Mediziner, anfangs mitfühlend und hochmotiviert, findet meine Geschichte sehr interessant und hofft wahrscheinlich genau wie ich, dass er etwas ganz Spektakuläres bei mir findet. Dann zum x-ten Mal die gleichen Untersuchungen, in deren Verlauf der Forscherdrang und die gute Laune des Arztes sichtbar nachlassen und schließlich die für beide Seiten enttäuschende Erkenntnis: Es gibt keine erkennbare organische Ursache.

Das anschließende Gespräch wird mehr oder weniger von Ratlosigkeit dominiert. Er/sie schlägt mir verschiedene Medikamente vor, die ich probieren kann. Das Erstgenannte kenne ich zur Genüge, ich bin ja kein Anfänger. Das zweite meistens auch, beim dritten das mir vorgeschlagen wird, kann ich zwischen den Zeilen schon deutlich das unausgesprochene: „Ich glaube zwar nicht, dass es hilft, aber man kann ja nie wissen…“ hören. Ich weiß aus Erfahrung, dass Medikamente, die gegen Rhythmusstörungen wirken sollen, oft sogar zu einer Verschlimmerung führen und wenn ich dieses Risiko eingehe, erwarte ich mir wenigstens ein bisschen Zuversicht in der Stimme meines Arztes. Also artikuliere ich, dass ich das Präparat Z nicht nehmen will und spätestens jetzt schlägt die Stimmung endgültig um.

Ich sitze nun in der Schublade der renitenten Patienten, denen nicht zu helfen ist, weil sie entweder krank sein wollen oder sich ihre Krankheit ohnehin nur einreden. Ich werde schnellstmöglich hinauskomplimentiert und bin beim Verlassen des Behandlungsraumes noch viel verzweifelter als beim Betreten.

Heute bin ich diesen Ärzten sehr dankbar. Ich weiß, dass ich den Weg, den ich heute gehe, nur gefunden habe, weil sie mir geholfen haben, meine eingefahrene Haltung der Schulmedizin gegenüber zu überdenken. Ein weiteres Beispiel für das Feedbackgesetz. Für mich waren die vielen Arzttermine nicht die Lösung des Problems, also musste ich damit schlechte Erfahrungen machen und nach etwas anderem suchen. Für Sie kann die Sache ganz anders aussehen. Meine persönlichen Erlebnisse kann man sicher nicht auf andere übertragen, aber das Feedbackgesetz. Achten Sie einfach darauf, wie Sie sich fühlen mit dem, was Sie tun.

Es gab auch noch einen weiteren Grund, warum ich mich an diesem frühen Nachmittag nach dem Besuch bei Gabriela so viel glücklicher fühlte, als nach allen anderen Terminen davor, von denen ich mir Hilfe erhofft hatte. Endlich hatte mir jemand erklärt, dass es an mir lag, meine Heilung in die Hand zu nehmen, während ich vorher nur darauf gewartet hatte, dass mich jemand anderer heilen würde. Als ich so alleine in meinem Auto saß, begann ich langsam zu realisieren, dass ich der einzige Mensch im Universum war, der mir helfen konnte. Das Universum belohnte meine Erkenntnis umgehend, denn als positive Rückmeldung breitete sich sofort ein Glücksgefühl in mir aus.

Das hatte ich ja schon von Ninny gelernt. Es war nicht wichtig gewesen, frei von Blockaden zu sein, um mit ihr klar zu kommen, aber es war sehr wichtig zu erkennen, dass es mit mir zu tun hatte, wenn nicht klappte, was ich vorhatte.

Mein Verstand hatte einiges von dem, was ich gehört hatte noch nicht ganz begriffen. Sollte es wirklich so einfach sein? Gabriela hatte sich sehr zuversichtlich gezeigt und schien es wirklich für leicht möglich zu halten, dass ich bald gesund sein würde. Gab es da nicht vielleicht irgendwo einen Haken? Aber wo sollte der sein? Ich musste nichts schlucken, was mir schaden könnte, ich musste nicht wieder mit meinen Eltern Streit anfangen, ich sollte nur ein wenig umdenken. Das wollte ich gerne versuchen, denn dabei konnte ich wirklich nichts verlieren.

In den folgenden Tagen bekam ich dann auch positive Rückmeldungen von meinem Körper. Die Rhythmusstörungen waren deutlich besser und meine Verdauung funktionierte glänzend. Mein Mann wusste nicht so recht, was er von der ganzen Sache halten sollte. Einerseits freute er sich riesig darüber, dass ich so gute Laune hatte wie lange nicht mehr, andererseits verunsicherte es ihn stark, dass ich da irgendwohin gefahren und ziemlich verändert zurückgekommen war, ohne dass er sich vorstellen konnte, was dort passiert war. Ich hatte ihm natürlich erzählt, dass mir Gabriela die Hände aufgelegt und dass wir ein langes Gespräch geführt hatten, aber was genau besprochen worden war, konnte ich ihm nicht wirklich erzählen, weil ich selbst bisher noch nicht mehr als eine vage Idee davon hatte. Wie die Veränderungen in meinem Inneren, von denen Gabriela gesprochen hatte, in der Praxis ausschauen sollten, war auch mir noch ein Rätsel.

Ein paar ihrer Sätze kreisten in meinem Kopf:
„Wehr dich nicht gegen die Dinge, sie sind gut. Schau nur, was du daraus lernen kannst."
„Konzentrier dich einfach immer auf das Positive."
„Wenn du nicht weiter weißt, bitte einfach die Engel um Hilfe."
„Du musst verzeihen, dir selbst und den anderen."

Es klang so einfach, doch wie macht man das? Die Engel um Hilfe bitten, haben die ein Handy? Verzeihen? Liebe Eltern ich verzeihe euch! Und jetzt?

Am liebsten wäre ich einfach für ein paar Monate bei Gabriela eingezogen, um ihr all meine Fragen stellen zu können und um ihr einfach zuzusehen bei ihrem Leben. Dabei, wie sie mit ihrem Alltag umging. Das ging natürlich nicht, also musste ich mich wohl oder übel zunächst damit begnügen, die wenigen konkreten Tipps, die sie mir mitgegeben hatte, in die Tat umzusetzen.
Sie hatte mir einen Satz aufgeschrieben, den ich so oft wie möglich vor mich hin sagen und denken sollte, bis zu unserem nächsten Termin in

zwei Wochen. Er lautete:
„Ich vertraue auf den Fluss des Lebens und fließe mit ihm mit.“
Das sagte mir zwar nicht viel, aber ich wiederholte ihn, beim Staubsaugen, beim Spazierengehen mit meinem Hund, in der Tierklinik, vor dem Einschlafen.
Und sie hatte mir Bücher empfohlen, von Louise L. Hay, Neal Donald Walsch und von Sanaya Roman. Ich besorgte sie mir und verschlang sie in Windeseile. Danach stöberte ich im Internet nach weiteren derartigen Werken und war überrascht über das breite Angebot im Esoterikbereich. Niemals vorher hatte ich mich mit so etwas beschäftigt. Ich las in jeder freien Minute und fühlte mich dabei fast so gut wie in den Gesprächen mit Gabriela. Was ich las, gab mir so viel Hoffnung und eine völlig neue, positive Sicht auf das Leben. Zwar war der Inhalt vieler dieser Bücher ähnlich, aber es war wichtig für mich, die Zusammenhänge in immer anderen Worten und in verschiedensten Beispielen wiederholt zu lesen, damit ich sie verinnerlichen konnte. Mein Verstand brauchte unzählige stichhaltige Argumente, um einzusehen, wie unsinnig die alten Denkweisen waren und dass es besser war, sie loszulassen.

Ich verstand, dass jeder Gedanke ein Gefühl mit sich bringt und war mir selbst das beste Studienobjekt um herauszufinden, was das praktisch wirklich bedeutete. Täglich hatte ich mehr als genug Gelegenheiten auszuprobieren, was passierte, wenn ich Herzrhythmusstörungen bekam und sich sofort mein gesamter Körper verspannte, weil ich mir Horrorszenarien ausmalte und gleichzeitig mich selbst und die Welt dafür hasste, dass ausgerechnet ich so etwas haben musste und ich es nach so vielen Jahren immer noch nicht geschafft hatte, es loszuwerden. Ich sah aber auch, wie anders alles war, wenn ich mir einfach sagte: „Es ist gut, du bist in Sicherheit. Du brauchst das noch ein bisschen zum Lernen, aber nicht mehr lange.“
So wie ich es gelesen hatte, schickte ich meinem Herzen in Geiste Liebe und Dankbarkeit dafür, dass es mich am Leben erhielt. Das war anfangs nicht ganz leicht und gelang mir wesentlich seltener, als es mir nicht gelang, aber mit der Zeit und der zunehmenden Zahl der

Erfolgserlebnisse klappte es immer öfter.

Auch dass sich meine Gedanken und Gefühle nicht nur in meinem Körper, sondern auch in meiner Außenwelt spiegelten, konnte im Praxistest spielend leicht nachgewiesen werden. Schon mein Hund war ausgeglichener, wenn ich gute Laune hatte, aber auch mein Mann reagierte anders auf mich und sogar die Kassiererin im Supermarkt. Und, obwohl ich es zuerst fast nicht glauben wollte, fand ich tatsächlich heraus, dass ich mich völlig frei entscheiden konnte, wie ich mich fühlte. Ich machte mir ein Spiel daraus, überall Dinge zu entdecken, die ich toll fand und ich machte ein schön gebundenes Notizbuch zu meinem „Danke-Buch", in das ich jeden Abend alles einschrieb, wofür ich dankbar war. Dinge wie das schöne Wetter, neue Bücher, ein gutes Essen oder ein blühender Busch im Garten.
Weiters bemühte ich mich stark darum, bei jeglichen Entscheidungen möglichst oft auf mein Bauchgefühl zu hören, denn auch das rieten mir meine Bücher. Ich hatte mir eingebildet, sehr häufig aus dem Bauch heraus zu entscheiden, aber als ich begann, wirklich mein Augenmerk darauf zu richten, fiel mir auf, wie oft ich mich nur mit dem Urteil meines Verstandes zufrieden gab, vor allem, wenn es um meine Arbeit in der Tierklinik ging.
Ich gewöhnte mir an, mich in die Tiere einzufühlen bevor ich eine bestimmte Vorgehensweise wählte und im Laufe der Zeit gelang mir dies sogar unter Zeitdruck und im Beisein der Besitzer.

Die Spaziergänge mit meinem Hund waren bei allem, was ich übte, besonders wertvoll. Um meine Intuition zu stärken, verzichtete ich ganz bewusst darauf, mir vorher zu überlegen, wo ich hingehen wollte und ließ mich dann einfach treiben. Dabei stellte ich fest, dass ich öfter schöne Dinge fand, Begegnungen mit wilden Tieren hatte und seltener Menschen über den Weg lief, die ich nicht treffen wollte. Außerdem nützte ich die Ruhe in der Natur um nachzudenken, Gelesenes zu rekapitulieren und um im Rhythmus meiner Schritte Affirmationen vor mich hin zu sagen. Später dachte ich mir dann einfache Melodien aus und sang meine Übungssätze.

Ich lernte unglaublich viel über mich selbst. Indem ich mich verändern wollte, musste ich erst einmal über meine Gewohnheiten Bescheid wissen und es war frappierend, wie viele meiner Eigenarten mir bisher gar nicht aufgefallen waren.

Jetzt, da ich näher hinschaute, war ich schockiert, wie negativ ich dachte. Ich war richtiggehend kritiksüchtig, musste zu allem, was ich sah meinen Senf abgeben, ob es nun die Fahrweise meines Vordermannes war oder das Hemd des Nachrichtenmoderators im Fernsehen. Überall sah ich nur das Schlechte, völlig egal ob es mich überhaupt berührte oder nicht. Auch an mir selbst konnte ich kein gutes Haar lassen. Wenn ich mit etwas nur zu 99 Prozent zufrieden war, hasste ich mich dafür. Bemerkenswert war mein Talent, mich in die Dinge hineinzusteigern, ob es nun meine Panikattacken waren oder irgendetwas was mich gerade ärgerte.

Mein Hang zur Dramatik spiegelte sich auch in meiner Wortwahl. Mein Mann sagte einmal zu mir: „Ich glaube du bist der einzige Mensch auf dieser Welt, der mehr als tausend Worte kennt, um einen Schmerz zu beschreiben."

Nun, ich fürchte, er hatte recht. Aber ich fand durchaus auch blühende Begriffe, wenn es um die Beschreibung der Unfähigkeit eines meiner Mitmenschen ging. Mich diesbezüglich umzustellen erforderte besonders viel Übung.

Der Satz „alles was mir begegnet, nehme ich so an, wie es ist", hat mich lange begleitet.

Ebenso „ich liebe und akzeptiere mich von ganzem Herzen, mit all meinen Problemen und Unzulänglichkeiten", denn natürlich ist Kritiksucht nichts anderes als mangelnde Selbstliebe.

Dazwischen fuhr ich immer wieder zu Gabriela. Ich bewunderte sie sehr für ihre Arbeit und sagte ihr oft, dass ich viel dafür geben würde, ihre Fähigkeiten zu haben.

Ihre Antwort darauf war immer die gleiche: „Die hast du."

„Nein, Gabriela, ich kann nicht mit Engeln sprechen und kranke

Menschen mit meinen Händen gesund zaubern."
„Doch, das kannst du."
Sie war sich so sicher, dass ich schließlich damit begann, schwer kranken Tieren, die in der Klinik bleiben mussten, die Hände aufzulegen, wenn ihre Besitzer nach Hause gegangen waren. Meist wurden die Tiere auch recht schnell gesund, aber das konnte natürlich genauso gut Zufall sein. Ich hatte bei jeder Sitzung mit ihr eine Liste von Fragen dabei, über die wir dann gemeinsam mit den Engeln diskutierten. Ich liebte diese Gespräche und die liebevolle Atmosphäre in Gabrielas Haus und ich konnte deutlich spüren, dass mich ihre Behandlungen stärkten und mir auf Wochen die Umsetzung meiner Veränderungen erleichterten. Schon bei meinem zweiten Besuch konnte ich mich völlig entspannen und schließlich hatte ich das Gefühl zu schweben, sobald sie mich berührte. Über einen Zeitraum von etwas mehr als einem Jahr fuhr ich zu ihr. Anfangs alle zwei Wochen, später dann nur noch alle vier bis sechs Wochen.

Es gab zwei Themen, über die wir immer wieder sprachen: Das Verhältnis zu meinen Eltern und zu meinem Bruder hatte sich deutlich verbessert, war aber noch nicht ungetrübt. Es berührte mich immer noch tief, wie sie mit ihm umgingen und unbedeutende Wortwechsel zwischen mir und meinem Vater eskalierten unverhältnismäßig. Nach wie vor fiel es uns schwer, ungezwungen miteinander umzugehen. Ich hatte gelernt, dass ich die Vergangenheit loslassen musste und dass Loslassen nur in Liebe geht. Aber ich tat mir noch schwer, das Vergangene zu lieben, weil ich noch nicht sehen konnte, wie bedeutsam es für mich war.

Gut, ich hatte verstanden, dass ich einen starken Leidensdruck gebraucht hatte um zu dem Punkt zu kommen, an dem ich mein Leben verändern wollte. Ich konnte auch erkennen, dass es gut und notwendig war, dass ich beschlossen hatte, ein positiver Mensch sein zu wollen. Mehr noch, ich war dankbar dafür. Trotzdem war mir das alles noch nicht griffig genug. Mir fehlten noch ein paar Puzzlesteine, um wirklich voll und ganz mit meiner Familie in Frieden zu sein und die sollte ich erst in den folgenden Jahren bekommen.

Dann war da noch die Sache mit meinem Job. Ich war einfach unglücklich in der Tierklinik. Mein ganzes Leben hatte ich Tierärztin sein wollen. Ich liebte Tiere über alles, ich hatte den tiefen Wunsch zu helfen, vor allem, weil es mir selber nicht so gut ging und es hatte mich schon als Kind fasziniert, meinen Onkel bei der Arbeit zu beobachten. Ich wollte genau das gleiche tun und nichts anderes. Doch dann musste ich feststellen, dass ich mir den Beruf so nicht vorgestellt hatte. Es belastete mich sehr, dass ich den Tieren weh tun musste und ihnen nicht erklären konnte, dass ich es nur gut meinte. Die Tiere dankten mir nicht, was ich tat, sondern sie hatten Angst vor mir.
Die Situation mit meiner Chefin habe ich schon erwähnt. Sie hatte keine Lust mir etwas beizubringen und für mich mit meiner perfektionistischen Veranlagung war es schrecklich, dass ich mir nach jedem Patienten die Frage stellen musste, ob das, was ich getan hatte, auch das Richtige war.
Und schließlich waren dann auch noch meine eigenen schlechten Erfahrungen mit der Schulmedizin dazugekommen und zuletzt der schnelle Fortschritt auf dem alternativen Weg. Ich hatte erkannt, dass klassische Medizin hauptsächlich Symptome unterdrückt statt Ursachen löst und fragte mich ernsthaft, ob ich das überhaupt noch wollte.

Gabriela warnte mich jedoch immer wieder davor zu früh zu kündigen. Sie war der Meinung, dass ich das Problem mit meiner Chefin zuerst lösen sollte, um nicht in einer anderen beruflichen Situation mit etwas Ähnlichem konfrontiert zu werden. Das Universum bietet eine Lektion immer wieder, so oft, bis man sie gelernt hat.
Von Anfang an war meine Dienstgeberin wenig respektvoll mit mir umgegangen. Bei meiner Einstellung hatte sie mir gesagt, dass wir gemeinsam arbeiten würden, doch schon am ersten Tag stellte sich heraus, dass ich ganz auf mich alleine gestellt war. Dienstpläne sprach sie grundsätzlich nicht mit mir ab, sie wurden mir einfach vorgelegt und auch wenn es sonst etwas zu entscheiden gab, was auch mich betraf, wurde ich vor vollendete Tatsachen gestellt. Wenn ich arbeitete und sie

die Praxis durchqueren musste, um in ihren Wohnbereich zu gelangen, tat sie das im Laufschritt und rief mir nur einen schnellen Gruß zu. Wenn ich eine Frage an sie hatte, musste ich ihr nachlaufen. Nur selten war sie höflich genug, stehen zu bleiben, mich anzusehen und mir zuzuhören. Spätestens während ihrer knappen und unfreundlichen Antwort rannte sie dann aber wieder los.
Sie behandelte mich wie Luft, aber ich wollte schließlich kein Opfer mehr sein und so schaute ich mir erst einmal an, was es über mich aussagte, dass sie so mit mir umging. Nun, das war nicht weiter schwierig, sie spiegelte mir ganz klar, dass ich meine Bedürfnisse in keinster Weise vertrat. Es war nicht ihre Aufgabe darauf zu achten, dass es mir gut ging. Es war meine.

Ich hatte noch nicht einmal gesagt, was ich mir wünschte, geschweige denn, irgendetwas getan, um es zu bekommen. Bisher hatte ich mich nur selbst bemitleidet und war zornig auf sie gewesen. Zunächst arbeitete ich also an der Meinung, die ich über sie hatte. Ich dankte ihr im Geiste für die wertvolle Lektion, die sie mir erteilte, machte mich auf die Suche nach ihren positiven Eigenschaften und unterließ es tunlichst, schlecht über sie zu denken. Dann begann ich, sie freundlich zu grüßen und zu fragen wie es ihr geht. Wenn ich eine Frage hatte, sprang ich nicht gleich auf und verfolgte sie, sondern sagte einfach:
„Kannst du bitte kurz dableiben, ich möchte dich was fragen."
Natürlich funktionierte es. Wenn sie mir einen Dienstplan vorlegte mit dem ich nicht einverstanden war sagte ich schlicht:
„Du, da kann ich nicht, da hab ich keine Zeit."
Ich gebe zu, manchmal verzog sie ihr Gesicht, aber das war auch alles. Schließlich nahm ich mir ein Herz und sagte ihr, dass ich gerne mehr von ihr lernen würde. Wir einigten uns darauf, dass ich einen zusätzlichen Tag in der Woche kommen sollte, an dem sie zur Arbeit eingeteilt war und ich nur zusehen sollte. Sie bezahlte mir diesen Tag sogar.

Meine Therapeutin lobte mich und ich war wieder einmal völlig überwältigt, wie leicht das Leben sein kann, wenn man nur seine Haltung ein klein wenig ändert.

Ich erinnere mich noch gut an meine letzte Sitzung bei Gabriela. Es war unglaublich, wie sehr ich mich in den gemeinsamen Monaten verändert hatte. Von meiner Angst und meinen körperlichen Beschwerden war nur noch ein kleiner Rest übrig. Ich hatte wieder mehr Spaß am Leben und wenn ein Problem auftauchte, wusste ich fast immer, was zu tun war um eine Lösung zu finden. Wenn ich, was natürlich passierte, in alte Verhaltensmuster zurückfiel, jemanden kritisierte, mich in etwas hineinsteigerte oder mich selbst bemitleidete, konnte ich es erkennen und mich umentscheiden.
Gabriela sagte mir, dass es nun so weit wäre, dass ich meinen Weg alleine weitergehen könnte. Zwar schmerzte mich der Gedanke, sie in Zukunft nicht mehr regelmäßig zu sehen, aber ich wusste, dass sie recht hatte.

Als sie mich fragte, was ich als nächstes vorhätte, sagte ich:
„Weißt du, ich werde kündigen. Ich weiß zwar noch nicht genau, was ich machen werde, aber ich will keine Tierärztin mehr sein. Ich möchte etwas Ähnliches machen wie du, für Menschen und für Tiere."
Sie stand wortlos auf, nahm mich in den Arm und sagte: „Ich bin stolz auf dich, dass du das verstanden hast."

Nun ist es fünf Jahre her, dass ich Gabriela zuletzt gesehen habe. Ein bis zweimal im Jahr melde ich mich bei ihr, aber ich fühle mich immer mit ihr verbunden. Ich trage sie in meinem Herzen. Sie war mir eine wunderbare Freundin und Lehrerin und ist der Mensch, der mich in meinem Leben am meisten geprägt hat. Danke, Gabriela!

Ausbildung

Was ich da bei Gabriela zum ersten Mal ausgesprochen hatte, erschien mir zunächst einmal gar nicht so leicht in die Tat umzusetzen.
Zwar war ich mir sicher, dass ich nicht mehr als Tierärztin arbeiten wollte, weil es sich einfach nicht gut anfühlte, aber ich schämte mich auch, dies Freunden und Verwandten gegenüber so kurz nach meinem Abschluss zuzugeben. Die meisten Gedanken machte ich mir allerdings darüber, wie wohl mein Mann auf die Neuigkeit reagieren würde. Was das Finanzielle betraf, lag ohnehin schon lange ein leichter Schatten über unserer Beziehung.
Christof stammt aus einer sehr wohlhabenden Familie und hatte als wir uns kennenlernten, schon einen Großteil seines Erbes übernommen, obwohl seine Eltern noch lebten. Diese leiteten daraus für sich jedoch das Recht ab, ganz erheblich über sein Leben zu bestimmen. So waren sie auch, aus unserer Perspektive völlig grundlos, von Anfang an gegen unsere Beziehung und versuchten, ohne dass sie mich kennengelernt hatten, uns auseinander zu bringen. Die Einmischungen waren so gravierend, dass sich mein Mann schließlich dazu entschloss, das gesamte Erbe an seine Eltern zurückzugeben und den Kontakt zu ihnen abzubrechen.

Christof hat diese Entscheidung nie bereut. Wie sich herausstellte, war sie wichtig und richtig, nicht nur für unsere Beziehung, sondern auch für die Entfaltung seiner Persönlichkeit, seine berufliche Entwicklung und die Verarbeitung seiner Kindheit. Ich jedoch hatte durch diese Sache ein schlechtes Gewissen ihm gegenüber zurückbehalten. Großteils unbewusst, warf ich mir selbst immer wieder vor, ihn um sein Erbe erleichtert zu haben. Außerdem hatte er mich während meines Studiums durch seine Arbeit finanziell unterstützt, so dass ich eigentlich jetzt endlich Geld verdienen wollte, um mich bei ihm zu revanchieren.

Stattdessen war ich nun drauf und dran ihm zu eröffnen, dass ich vorhatte, meinen renommierten Beruf gegen etwas einzutauschen, von dem ich noch keine genaue Vorstellung hatte. Ich fühlte mich schrecklich und überlegte hin und her, kam aber immer wieder zum gleichen Ergebnis. Der, der sich Sorgen machte, ob ich jemals meinen Lebensunterhalt selbst verdienen könnte, auch wenn ich keine Tierärztin war, und wie es meine Verwandten finden würden, eine Geistheilerin in der Familie zu haben, war ganz eindeutig mein Verstand. Mein Gefühl sagte mir, dass es nicht meine Lebensaufgabe war, Tiere mit Cortisonspritzen in Angst und Schrecken zu versetzen und gerade hatte ich gelernt, dass das Universum den Leidensdruck erhöht, wenn man Gefühle verdrängt. Dies war meine erste richtige Gelegenheit zu beweisen, dass ich die Lektion verstanden hatte.

Für mich selbst suchte ich unzählige Argumente, um meinen Verstand mundtot zu machen, der da sagte, dass ich quasi über keinerlei Kenntnisse auf dem Gebiet der spirituellen Heilung verfügen würde und außerdem die Chancen denkbar klein wären, mich in einem 600-Seelen-Dorf mit einem so unkonventionellen Geschäftszweig etablieren zu können.
Ich betete mir vor, dass ich aus mir selbst heraus wertvoll war, auch wenn ich erstmal kein Geld verdiente und dass die Menschen, die meine Hilfe brauchen, auch von weither kommen würden. Schließlich war auch ich weit zu Gabriela gefahren. Und so sehr ich mich auch für meinen kleinen Irrtum in der Berufswahl genierte, gerade hatte ich mir über mehrere Monate mit ihr erarbeitet, dass meine Beschwerden deutlich besser geworden waren. Jetzt wo ich endlich wusste, was zu tun war, konnte ich unmöglich kneifen.

Den Ausschlag gab schließlich eine Kundin in der Tierklinik. Sie war mit einem Hund gekommen, der bisher ungeimpft war. Jetzt wollte sie ihn jedoch mit in den Urlaub nehmen und musste ihm die Impfung und die Implantation eines Mikrochips zumuten, um den für die Reise erforderlichen EU-Pass zu bekommen. Sie war eine überzeugte Impfgegnerin und offensichtlich sehr unglücklich darüber, dass sie sich durch die äußeren Umstände gezwungen sah, gegen ihre Einstellung zu handeln. Als sie mich fragte, ob ich nicht auch der Meinung war, dass

eine Fünffachimpfung eine enorme und unnötige Belastung für einen Organismus sei, ergab sich ein ehrliches und offenes Gespräch zwischen uns beiden. Ich gestand ihr, dass ich völlig ihrer Meinung wäre und durch meine eigene Symptomatik mittlerweile auch zu einer anderen Einstellung der Medizin gegenüber gekommen war. In meiner Freizeit übte ich mich bereits fleißig darin, Menschen und Tiere durch Handauflegen zu behandeln, was ich ihr ebenso erzählte, wie dass ich im Begriff war, mich beruflich umzuorientieren, aber noch keinen Weg dorthin gefunden hätte. Sie sagte darauf nur:
„Manchmal muss man eine Türe schließen, damit eine andere aufgehen kann.“

Das war mein Stichwort, ich konnte es im ganzen Körper fühlen. Sie hatte ja so recht. Wie schon oft zuvor konnte ich theoretisches Wissen, das ich längst in mir trug, nicht auf meine eigene Lebenssituation anwenden, weil meine Emotionen mir den objektiven Blick auf die Lage versperrten.

Ich wusste, dass im Universum alles Energie ist, die in verschiedenen Frequenzen schwingt. Es gelten die physikalischen Gesetzmäßigkeiten. So wie man mit einem Radiogerät zwar viele Sender zur Verfügung hat, so kann man doch niemals zwei gleichzeitig hören. Es geht nur der Reihe nach und vor dem Hörgenuss muss man das Gerät auf den jeweiligen Sender einstellen. Wir Menschen stellen uns mit dem was wir denken, sagen und tun auf eine bestimmte Frequenz ein und aus dem Außen kommen Dinge mit der gleichen oder zumindest einer ähnlichen Frequenz auf uns zu.
In der Praxis bedeutet das, dass es ziemlich schwierig ist, dass mein Traumjob auf mich zukommen kann, wenn ich täglich einer Arbeit nachgehe, die mich nicht befriedigt und ich dadurch auf einer völlig anderen Schwingung bin wie der ersehnte Job.

Vor gar nicht langer Zeit hatte ich diesen Zusammenhang einem Bekannten erläutert, der in seiner Beziehung unglücklich war und für sich den Entschluss gefasst hatte, bei seiner Partnerin zu bleiben und sich trotzdem schon mal anderweitig umzusehen. Ich hatte ihm erklärt,

dass dies unmöglich funktionieren könnte, weil er selbst sich erst auf das Energieniveau einer glücklichen Partnerschaft bringen müsste, um eine solche erleben zu können. Abgesehen davon würde sich das Universum durch ein so unfaires Verhalten seiner jetzigen Partnerin gegenüber wohl kaum dazu hinreißen lassen, ihn durch die Begegnung mit seiner Traumprinzessin zu belohnen. Das wäre gegen das Feedbackgesetz.
Ich prophezeite ihm, dass er mit dieser Methode - wenn überhaupt - nur eine Partnerin finden könnte, mit der er über kurz oder lang wieder unglücklich sein würde.

Nur, dass ich all das auch auf meine eigene Situation hätte anwenden können, das hatte ich leider nicht erkannt. Glücklicherweise hat man mir diese Kundin geschickt, die mich daran erinnerte. Ich bedankte mich im Geiste für die Führung, gelobte Besserung und kündigte.

Die Reaktion meines Mannes und meiner Familie auf diese Entscheidung hätte ich mir niemals träumen lassen. Sie alle halfen mir nach Kräften. Christof machte sich umgehend gemeinsam mit mir an die Planung meiner Selbständigkeit.
Zunächst befreiten wir einen Raum in unserem Keller von Unmengen an Gerümpel, strichen die Wände und richteten ihn so ein, dass ein ganz passables Behandlungszimmer daraus wurde. Mein Vater stellte mir bereitwillig passende Bilder für die Wände zur Verfügung und gestaltete mir einen Folder für mich.
Die Unterstützung, die mich so überwältigte, war die einzig logische Folge davon, dass ich mit meiner Entscheidung selbst im Reinen war und wusste, dass dies der einzig richtige Weg für mich war, egal, was die anderen davon hielten. Wäre ich unsicher gewesen oder hätte ich meine Entscheidung vom Segen meiner Mitmenschen abhängig gemacht, der Blick in den Spiegel meiner Umgebung hätte ganz anders ausgesehen.

Auch wenn ich langsam aber sicher eine Ahnung davon bekam, dass das Leben wirklich einfach sein konnte, wenn man die Spielregeln kannte und befolgte, war ich noch lange nicht am Ziel. Jedes Mal wenn ich ein

Problem bewältigt hatte, tauchte das nächste auf. Nun hatte ich also einen Behandlungsraum und einen Folder, den ich im Dorf in die Briefkästen warf, aber ich fühlte mich unsicher, was meine Arbeit anbelangte.
Gut, das kannte ich von der Tierklinik, aber dort hatte ich eine Ausbildung gehabt und jetzt hatte ich meines Erachtens sehr wenig, auf das ich bauen konnte. Inzwischen war mehr als ein Jahr vergangen, seit ich gemeinsam mit Gabriela an mir zu arbeiten begonnen hatte. Ich hatte sehr viel aus unseren Gesprächen und indem ich sie beim Arbeiten beobachtete gelernt und später hatte sie mir auch immer wieder den einen oder anderen Handgriff gezeigt und erklärt. Außerdem hatte ich eine beachtliche Zahl an Büchern gelesen und damit begonnen, meine Fähigkeit mich in andere hineinzuversetzen, bewusst zu verwenden und zu vertiefen.
Nach den ersten Heilversuchen mit meinen Händen an den Tieren in der Klinik hatte ich auch schon Freunde und Verwandte behandelt und positive Rückmeldungen bekommen. Trotzdem verlangte die Perfektionistin in mir nach fundierten Kenntnissen. Schließlich hatte ich auch genug Zeit zur Verfügung, die ich ruhig sinnvoll ausnutzen konnte, denn abgesehen von wenigen Bekannten hatte ich keine Kunden und somit nichts zu tun.

Im Internet fand ich die unterschiedlichsten Seminare und Ausbildungsrichtungen und war zunächst überfordert. Ich wollte nicht irgendeine Ausbildung in einer alternativen Heilweise machen, sondern meine medialen Fähigkeiten und das Handauflegen nützen. Doch je mystischer die angebotenen Seminare anmuteten, umso unseriöser erschienen mir die Veranstalter.
Schließlich stieß ich jedoch auf eine Kursreihe im Bereich des geistigen Heilens, die im Verlauf von etwas mehr als einem Jahr zwei viertägige Basisseminare und anschließend sieben aufeinander aufbauende dreitägige Module beinhaltete. Der Unterrichtsstoff erschien mir sinnvoll und interessant, die Homepage ansprechend und professionell, genau so etwas hatte ich mir vorgestellt. Rein „zufällig“ fand das nächste Basisseminar drei Wochen später 40 km von meinem Wohnort

entfernt statt. Ich nahm es als Zeichen des Universums und meldete mich an.

Was soll ich sagen, es war eine der besten Entscheidungen meines Lebens. Ich absolvierte die gesamte angebotene Ausbildung und wurde in vielerlei Hinsicht unglaublich bereichert. Auf jedes einzelne Seminar freute ich mich schon Wochen davor wie ein Kind auf Weihnachten. Zunächst einmal lernte ich eine Menge über Chakren und Meridiane, die Tore unseres Systems, die uns mit Energie versorgen. Sind sie geöffnet und durchgängig, sind wir gesund und glücklich, sind sie blockiert, kommt es zu Schwierigkeiten.
Ich lernte, ihren Zustand mit dem Biotensor zu messen und anhand von Form und Ort der Störung, Rückschlüsse auf den seelisch-geistigen Hintergrund zu ziehen. Bei der praktischen Arbeit in Zweiergruppen erfuhr ich dann gleich, wie es um meine eigenen Energiezentren stand. So waren zum Beispiel die Überreste meiner Ängste noch deutlich im Sakralchakra zu messen und mein Wurzelchakra ließ richtigerweise erahnen, dass meine Lebensfreude noch immer nicht allzu ausgeprägt war.
Ich war überrascht und fasziniert, was man anhand einiger Kenntnisse schon ganz ohne mediale Fähigkeiten über einen Menschen in Erfahrung bringen konnte und bekam außerdem wertvolles Werkzeug an die Hand, um meine übersinnlichen Wahrnehmungen zu überprüfen und dadurch zu verfeinern.

Wir lernten den sogenannten Lebenskalender[1] kennen, ein Nebenchakra im Bereich des Kopfes, in dem Traumata gespeichert werden, die sich negativ auf das Energiesystem auswirken können. Man zeigte uns zu messen, in welchem Lebensjahr das belastende Erlebnis stattgefunden hat und auch dies brachte mir weitere Selbsterkenntnis ein. Besonders um den Geburtszeitraum gab es bei mir einiges zu finden. Scheinbar hatte sich meine Seele mehrmals gründlich überlegt, ob sie wirklich auf der Erde bleiben wollte.
Aus Erzählungen meiner Mutter war mir bekannt, dass ich ein sehr

[1] Vgl. Krohne, Horst: „Geheimnis Lebenskalender“

schwaches Kind gewesen war, aber ich hätte es nicht für möglich gehalten, dass man dies immer noch so einfach nachweisen konnte. Die Verblüffung war perfekt, als ich merkte, dass es auch Irritationen aus meinem Erwachsenenleben gab, wie zum Beispiel die extrem ungerechte Behandlung einer Professorin im Studium, die mich damals sehr belastet hatte und die mich scheinbar immer noch beeinflusste. Denn eine Energieblockade wirkt sich immer aus, ansonsten könnte man sie nicht als solche messen. Natürlich gehörte auch zum Stoff, wie wir alles, was wir aufspürten, anschließend mit unseren Händen ausgleichen konnten.

Ein anderes spannendes Unterrichtskapitel war die Organsprache[2]. Nach einer kurzen theoretischen Einweisung wurde anschließend sogleich in Zweiergruppen die Therapiesituation simuliert. Während der eine die Augen schloss und in sich ging, leitete ihn sein Partner an, gefühlsmäßigen Kontakt mit verschiedenen Körperteilen aufzunehmen. Sobald dieser hergestellt war, stellte der „Therapeut" verschiedene Fragen, die der „Patient" völlig selbstverständlich aus Sicht des betreffenden Organes beantwortete. So erfuhr ich, dass mein Herz traurig war, weil es sich nicht geliebt fühlte, dass mein Kopf dem restlichen Körper gegenüber ziemliche Vorbehalte hatte, weil keiner so schlau war wie er und meine Leber schlicht und einfach mit der Gesamtsituation total unzufrieden war. Eigentlich konnte ich es selbst nicht glauben, aber kaum hatte ich mich geistig irgendwohin ausgerichtet, machten sich die Gefühle der entsprechenden Region unübersehbar in mir breit und ganz von alleine beantwortete mein Mund die gestellten Fragen in der Ich-Form als Herz, Kopf oder Leber. Noch beeindruckender war dann aber für mich, was sich in mir veränderte, als ich gemeinsam mit meiner Übungspartnerin Liebe in mein Herz schickte, der Leber mit guten Argumenten und ein wenig Schmeichelei zu einer anderen Sicht auf die Dinge verhalf und den Kopf dazu brachte mit allen übrigen besser zusammenzuarbeiten. (Wobei ich hier gestehen muss, dass er erst dazu bereit war, nachdem ich ihn, auf

---

[2] Vgl. Krohne, Horst: „Organsprache Therapie"

Rat unseres Lehrers hin, mit Hilfe des Herzens für ein paar Sekunden von der Versorgung abschnitt, um ihn auf den Boden der Tatsachen zurückzuholen. Der Zweck heiligt ja bekanntlich die Mittel).

Noch heute begeistert es mich jeden Tag, wie viel man mit Maßnahmen bewirken kann, an die man von selbst nie denken würde, die aber doch so unglaublich einfach sind. Alleine diese Erkenntnis verlieh mir eine enorme Stärke, weil ich mich meinen Symptomen gegenüber nicht mehr so machtlos fühlte. Auch wenn ich schon von Gabriela gewusst hatte, dass ich mir in Wahrheit nur selbst helfen konnte, hatte ich jetzt eine ganze Reihe praktischer Kniffe, die ich anwenden konnte und das war mehr als hilfreich. Außerdem hatte ich mittlerweile ja auch schon gelegentlich Klienten, an die ich den einen oder anderen Trick weitergeben konnte.

Das absolute Highlight der gesamten Kursreihe war für mich jedoch der Abschnitt mit der Reinkarnationstherapie.
Wie Sie wahrscheinlich wissen, geht es hierbei darum, in Vorleben nach Ursachen für bestehende Probleme zu suchen. Bei der Form, die wir erlernten, wird der Klient nicht in Hypnose oder Trance zurückgeführt, sondern der Therapeut verbindet sich mit ihm und erfragt die Details, die ihm bedeutsam erscheinen, mit dem Biotensor von dem er „Ja“ „Nein“ und „Vielleicht“ als Antwort erhält. Je besser die Verbindung des Therapeuten zu seiner geistigen Führung, umso schneller findet er, was wichtig ist.

Wie immer übermittelte unser Lehrer Lars uns zuerst die theoretischen Grundlagen. Nachdem es danach Zeit war für die Mittagspause, teilte er uns mit, dass er uns nach dem Essen bei einem der Kursteilnehmer eine derartige Abfrage von Informationen aus den Vorleben vorführen würde.
Ich war den ganzen Tag schon sehr aufgeregt gewesen, aber nachdem ich das gehört hatte, konnte ich meine Nervosität kaum noch aushalten. Schon lange hatte ich den Wunsch, etwas darüber zu erfahren, wer ich einmal gewesen war, hatte mich aber nie dazu durchringen können, einen Reinkarnationstherapeuten aufzusuchen. Irgendwo hatte ich

einmal eine Geschichte gehört von einem Mann, der in eine schreckliche Situation aus einer früheren Identität hineingeführt worden und aus dem dazugehörigen Gefühl nicht mehr herausgekommen war. Der Arme hatte nach der Sitzung noch ein Problem mehr als vorher und das hatte sich mir irgendwie eingeprägt. Ich war sehr erleichtert, dass bei dem, was wir hier machten, gar keine eigentliche Rückführung stattfand und freute mich unglaublich auf den Nachmittag. Ich spürte so stark, dass ich etwas für mich Bedeutsames erfahren würde, dass ich kaum einen Bissen runterbrachte und als wir uns schließlich wieder im Seminarraum einfanden, war mir fast schlecht vor Aufregung. Lars meinte, er würde sich jetzt kurz mit seiner geistigen Führung verbinden um zu erfragen, für welchen der Kursteilnehmer es zu diesem Zeitpunkt am sinnvollsten wäre, etwas über seine Vergangenheit zu erfahren.

Ich hatte Lars gegenüber ein etwas gespaltenes Verhältnis. Zwar fand ich ihn nett und auch seine Art zu lehren gefiel mir, aber irgendwie wurde ich nicht schlau aus ihm. Als sehr sensitiver Mensch war ich es, seit ich denken kann, gewohnt, beim ersten Kennenlernen schon nach wenigen Minuten sehr genau einschätzen zu können, was mein Gegenüber von mir hielt. Bei Lars war das anders, ich empfing diesbezüglich von ihm gar nichts, er konnte genausogut in mich verliebt sein, wie mich verabscheuen.
So etwas war mir noch nie passiert und es verwirrte mich, weil ich damals meinen Selbstwert und meine Befindlichkeit in einer bestimmten Situation noch sehr stark davon abhängig machte, wie meine Umgebung auf mich reagierte.
Heute hat sich das geändert und ich weiß, dass Lars einfach der erste Mensch war, der mir begegnete, der in seiner spirituellen Entwicklung schon so weit fortgeschritten war, dass er seine Mitmenschen nicht mehr bewertete, sie nicht in Schubladen steckte und in gut und böse einteilte. Er nahm mich einfach wahr und hinterfragte mich nicht. Das war ich nicht gewohnt und wusste meinerseits nicht, wie ich ihn einordnen sollte.

Während er da so mit geschlossenen Augen vor uns saß und sich in sich selbst versenkte, dachte ich bei mir: „Wenn er das jetzt nicht weiß, dass ich diejenige bin, mit der er das vorführen soll, dann hat er gar keine Verbindung in die geistige Welt.“
Ich hatte kaum meinen Satz in Gedanken beendet, als Lars die Augen öffnete und ruhig verkündete: „Es gibt jemanden, für den das hier wirklich wichtig ist und das ist die Alex.“
Ich fühlte ein starkes Kribbeln durch meinen ganzen Körper gehen und schämte mich tief, dass ich ihn in Frage gestellt hatte. Doch ich hatte nicht lange Zeit dazu, denn die ganze Gruppe wartete darauf, dass ich mich erheben und zu ihm nach vorne gehen würde.

Dann ging eigentlich alles sehr schnell, weil Lars ausdrücklich nur die Details erfragte, die ich brauchte, um meine aktuelle Problematik einordnen und auflösen zu können. Er brachte folgendes in Erfahrung: Es waren Umstände relevant, die bereits vier Inkarnationen zurücklagen. Ich hatte Anfang des 15. Jahrhunderts als Mann im heutigen Guatemala gelebt. Als Dorfschamane einer Gemeinschaft am Rande des Regenwaldes war ich sehr angesehen. Doch ich missbrauchte das Vertrauen und den Respekt, den man mir als Heiler entgegenbrachte, indem ich mich an Frauen, die meine Hilfe suchten, sexuell verging. Als dies bekannt wurde, wurde ich aus dem Dorf in die Tiefe des Dschungels verbannt, wo ich noch circa 10 Jahre in völliger Isolation ums Überleben kämpfte. Mit ungefähr 40 Jahren verstarb ich schließlich einsam.

Als ich diese Geschichte hörte, zweifelte ich keine Sekunde lang deren Richtigkeit an. Schon auf den ersten Blick waren die Übereinstimmungen mit meinem jetzigen Leben ganz offensichtlich.

Plötzlich ergab alles einen Sinn. Die Einsamkeit war mein Lebensthema. Vor allem in meiner Familie hatte ich mich nie geborgen gefühlt, seit der Geburt meines Bruders fühlte ich mich vollständig ausgeschlossen. Mit Gabriela hatte ich dieses Thema immer wieder durchgekaut. Sie hatte mir gesagt, dass ich verzeihen müsse und dass ich darauf vertrauen sollte, dass alles, so wie es war, gut für mich sei. Ich sah das auch ein,

schließlich merkte ich ja, dass ich mich mit meiner Opferhaltung nur selbst unglücklich machte.
Ich verstand auch, dass es wenig erfolgversprechend war, mein Glück davon abhängig zu machen, dass andere sich genau so verhielten, wie ich mir das wünschte und dass es bedeutend schlauer war, selbst den ersten Schritt zu tun, wenn ich geliebt werden wollte. Die Umsetzung war mir bisher aber noch eher unzureichend gelungen. Wenn ich ganz ehrlich zu mir selbst war, fühlte ich mich immer noch von meinen Eltern ungerecht behandelt.
Doch jetzt begriff ich auf einmal, mehr noch, ich fühlte es auch, dass ich nicht zufällig in diese Situation geraten war, sondern dass meine Seele diese Bedingungen gewählt hatte, um mein Problem von vor 500 Jahren endlich aufzuarbeiten. Ich musste mich wieder verstoßen fühlen, um dieses Gefühl, das ich offensichtlich schon so lange mit mir herumschleppte, endlich anschauen und annehmen zu können. Nur so würde ich es auflösen können und dann würde es auch sicher nicht mehr nötig sein, in der Familie, in der Ehe oder am Arbeitsplatz im Stich gelassen zu werden.

Wenn die Seele die nötige Reife besitzt, um einen Lernprozess zu bewältigen, sucht sie sich die notwendigen äußeren Bedingungen dafür. Doch oft passiert es, dass ein Mensch nicht gleich die erste Gelegenheit wahrnimmt, eine Lektion zu lernen, weil er die Botschaft nicht versteht, die ihm überbracht werden soll und er sich lieber in der Opferhaltung selbst bemitleidet.
So war es auch bei mir gewesen. Ich hatte nicht erkannt, dass meine familiäre Situation etwas mit mir zu tun hatte, mir sagen wollte: „Du trägst da was in dir, was du dir anschauen solltest.“ Stattdessen war ich wütend auf meine Eltern und wartete darauf, dass sie etwas verändern würden. Natürlich änderte sich nichts. Wie sollte sich MEIN Leidensdruck verändern, wenn ich nichts änderte? Also bekam ich eine neue Chance. Ich durfte eine Ehe führen mit einem Mann, den ich sehr liebte, der mich aber immer alleine ließ. Ich litt noch mehr, konnte aber immer noch nicht erkennen, worum es hier ging und bekam eine dritte Chance: in meiner Arbeit. Ich verstand nichts, sah nicht einmal den

roten Faden der sich durch meine Probleme zog.

Doch jetzt war es endlich soweit. Nachdem Lars mir diese Geschichte über mich erzählt hatte, begriff ich, dass sich zwar immer wieder jemand gefunden hatte, der auf meinen Knopf gedrückt und ihn zum Leuchten gebracht hatte, dass es aber mein Knopf war, den nur ich abschrauben konnte. Es war genauso wie Gabriela es gesagt hatte: Meine Mitmenschen mussten mich verlassen, damit ich aus diesem Muster ausbrechen konnte.

Diese Erkenntnis war unendlich wertvoll für mich. Ich hatte das Gefühl, dass eine tonnenschwere Last von mir genommen wurde. Noch tage- und wochenlang beschäftigte ich mich intensiv mit dem Gehörten und es fügten sich immer mehr Details zusammen. So hatte ich beispielsweise vor meinem Tiermedizinstudium einige Semester auf der Uni Spanisch gelernt und mich besonders für lateinamerikanische Landeskunde interessiert. Schamanismus dagegen lehnte ich ab, was ich mir selbst nicht erklären konnte. Schließlich begeisterten mich alle Formen von Spiritualität und alternativen Therapiemöglichkeiten. Weil es meinem Verstand widerstrebte, eine Richtung rigoros auszugrenzen, hatte ich mir sogar mehrere Bücher über Schamanismus gekauft, doch ich schaffte es einfach nicht, sie zu lesen. Jedes Mal legte ich das Buch schon nach wenigen Seiten wieder weg und befasste mich mit einem ganz anderen Thema.

Sexuell fühlte ich mich ein wenig gehemmt und auch beim Heilen hatte ich manchmal das Gefühl, mir selbst im Weg zu stehen, was eventuell beides mit diesem Vorleben im Zusammenhang stehen konnte. Ich war sehr gespannt, was sich nach diesen Offenbarungen in Zukunft verändern würde und was ich auf meinem neuen Lebensweg noch alles über mich herausfinden würde.

In meiner Ausbildung zur geistigen Heilerin lernte ich allerdings nicht nur mich selbst sehr genau kennen, sondern auch die anderen Kursteilnehmer. Nach meinen bisherigen Schilderungen können Sie wahrscheinlich schon ein wenig nachvollziehen, dass so etwas sehr

intensiv ist. Vielleicht haben Sie ja auch schon selbst derartige Veranstaltungen besucht. Man baut zu den Kollegen eine ganz andere Beziehung auf, wie zum Beispiel an der Uni oder im Job. Indem man sich, noch als Fremde, gegenseitig die Chakren vermisst, bearbeitet und daran teilnimmt, wie der andere etwas über die Ursachen seiner innersten Prozesse erfährt, nimmt man ihn völlig anders wahr. Zum ersten Mal fiel es mir leicht, über äußere Unzulänglichkeiten anderer einfach hinwegzusehen und dahinter deren reine Seele zu erkennen. Die Unterhaltungen in den Pausen drehten sich keineswegs um Belanglosigkeiten, sondern es wurden tiefgehende Gespräche geführt. Auch das war für mich neu, unter Gleichgesinnten zu sein, unter Menschen, die nicht nur meine Interessen, sondern auch meine mediale Begabung teilten. Hier musste ich mir nicht überlegen, ob ich es wagen konnte zu erzählen, dass ich Dinge wahrnahm, die ich nicht erklären konnte. Für die anderen war das nahezu selbstverständlich, denn ihnen erging es genauso. Jeder von uns hatte seine eigene Form der Verbindung zur geistigen Welt. Es gab Kollegen, die Stimmen hören konnten und welche, die Bilder sahen und unser Lehrer Lars konnte problemlos mit seinem geistigen Führer, den er namentlich kannte, eine Unterhaltung führen wie mit einem anderen Menschen. Er erfuhr von ihm alles, was er wissen musste, sei es über sich selbst, seine Klienten oder seine Seminarteilnehmer.
Ich liebte es, mich mit den anderen auszutauschen und knüpfte wertvolle Freundschaften. Mit etlichen Ausbildungskollegen bin ich nach wie vor in Kontakt. Zwei ganz besonderen von ihnen, Margit und Esther, möchte ich mich später noch ausführlicher widmen, weil sie mir so wichtige Begleiterinnen geworden sind und mich immer wieder maßgeblich bei meinen Entwicklungsschritten unterstützen.

Die Bilanz meiner Seminarreihe konnte sich also durchaus sehen lassen. Ich hatte nun einen recht umfangreichen Überblick über das Energiesystem und kannte verschiedene effektive Möglichkeiten, um es zu beeinflussen. Bei der Behandlung von Klienten war ich schon recht sicher geworden und fühlte mich wohl bei dem, was ich tat.
Durch das, was ich über mich selbst erfahren hatte, aber auch durch die

Einblicke in die unglaublichen Zusammenhänge der Geschichten meiner Kollegen, hatte sich in mir die Erkenntnis verankert, dass alles einen tiefen Sinn hat, auch wenn es auf den ersten Blick gar nicht danach aussieht. Mein Vertrauen in das Leben war jetzt deutlich stärker als vorher. Und ich hatte eine tolle Zeit mit Gleichgesinnten verbracht und einige wirklich gute neue Freunde gewonnen.

Die Stimmung war unbeschreiblich als Lars an unserem letzten gemeinsamen Sonntag den Kurs beendete. Wir waren als Gruppe richtiggehend zusammengewachsen und die Energie im Raum fühlte sich nach der gemeinsamen Heilarbeit gewaltig an. Sicher waren an diesem Nachmittag unzählige Engel im Raum.
Obwohl wir uns bereits ausgiebig verabschiedet hatten, wollte keiner von uns gehen. Die anderen konnten sich wahrscheinlich genauso wenig wie ich vorstellen, dass wir uns nicht in ein paar Wochen schon zum nächsten Seminar wiedersehen würden.
Ich bin ohnehin kein Freund von Abschieden, aber ich wusste ja schon, dass alles seine Zeit hat und dass das, was uns am schwersten fällt, in der Regel das ist, auf was es ankommt, damit alles im Fluss bleiben kann: Das Loslassen.

Also riss ich mich los und verließ mutig und unendlich bereichert das Gebäude.
Voller Vorfreude auf alles, was da noch kommen sollte.

Heilen

In den ersten Monaten nach Beendigung meiner Ausbildung zur geistigen Heilerin arbeitete ich in meiner Praxis ganz genau so, wie Lars es uns gezeigt hatte. Ich vermaß zuerst den gesamten Klienten mit meinem Biotensor, teilte ihm mit, wo die Blockaden lagen und was dahinterstecken könnte und behandelte die betreffenden Stellen mit meinen Händen.
Nach einer Anzeige in einem Blatt, das in der Region kostenlos an alle Haushalte verteilt wurde und ein paar ersten guten Behandlungserfolgen, hatte es sich in der Gegend schon herumgesprochen, dass es mich gab, und das Angebot wurde zunehmend angenommen. Ich war eindeutig auf einem guten Weg, denn ich war überglücklich.
Die Arbeit faszinierte mich und hielt jeden Tag neue Überraschungen für mich bereit. Obwohl ich recht einfache Messungen durchführte, deckte ich Zusammenhänge auf, die sowohl mich selbst, als auch meine Kunden tief berührten.

Ich erinnere mich zum Beispiel an eine Frau Mitte vierzig, die schon fast zwei Jahrzehnte an einem periodisch auftretenden, stark juckenden Ausschlag am ganzen Körper litt. In den akuten Phasen, die sie circa einmal im Monat durchlebte, kratzte sie sich regelmäßig von oben bis unten blutig und konnte den ganzen Tag an nichts anderes denken, als an ihren Juckreiz. Hochdosierte Cortisontherapie war bisher die einzige Hilfe gewesen, doch mit der Zeit waren immer mehr Nebenwirkungen aufgetreten und sie hatte begonnen nach einer Alternative zu suchen.
In Wahrheit hatte ich keine Idee, wie ich ihr helfen konnte, doch ich wollte mich nicht verunsichern lassen und begann wie immer mit der Vermessung ihrer Chakren. Als ich eine starke Veränderung an ihrem Sakralchakra feststellte, folgte ich einer inneren Eingebung und überprüfte, ob das betroffene Energiezentrum mit dem

Allergiemeridian[3] an ihren Händen verbunden war. Dies war nicht der Fall. Alles andere war dann eigentlich wieder reine Theorie. Das Sakralchakra ist für Entscheidungen zuständig, während dem Allergiemeridian das Prinzip des Friedens zugeordnet ist, diese beiden kommunizierten nicht. Ich fragte also meine Klientin, ob es für sie im Bereich des Möglichen läge, dass es eine Entscheidung in ihrem Leben gegeben hatte, mit der sie nicht im Frieden war. Am eigenen Körper konnte ich fühlen, was meine Frage bei der Frau bewirkte.
Es traf sie wie ein Blitzschlag und sie begann augenblicklich heftig zu weinen. Unter Tränen erzählte sie mir, dass sie seit 25 Jahren glücklich verheiratet wäre und vier Kinder hätte, drei Töchter und einen Sohn. Eine ihrer Töchter wäre jedoch vermutlich aus einer völlig unbedeutenden einmaligen Affäre mit einem Arbeitskollegen entstanden, was sie weder ihren Kindern, noch ihrem Mann, den sie damals wie heute über alles liebte, je anvertraut hatte. Erst jetzt in dem Gespräch mit mir wurde ihr selber bewusst, dass der Ausschlag kurz nach der Geburt dieser Tochter zum ersten Mal aufgetreten war.

Zur Lösung des Problems stellte ich die unterbrochenen Energieverbindungen wieder her, was einige Male wiederholt werden musste und führte lange Gespräche mit ihr, in denen ich ihr nahelegte, wie wichtig es war, sich bezüglich dieser Entscheidung nach so vielen Jahren endlich selbst zu verzeihen. Wenn sie selbst in wahrem Frieden damit war, würde es letztlich auch leicht möglich sein, mit ihrer Familie über das Thema zu sprechen, wenn sie dann noch das Bedürfnis danach hätte. Als ich die Dame nach circa fünf Sitzungen das letzte Mal in meiner Praxis sah, hatte sie keinen Ausschlag mehr. Ob er jemals wieder aufgetreten ist und ob sie sich schließlich dazu entschlossen hat, ihre Familie aufzuklären, weiß ich nicht, aber ich bin mir sicher, sie hat die beste Lösung für alle Beteiligten gefunden.

Es erging mir oft so, dass ich zunächst völlig im Dunkeln tappte, was die

---

[3] Diese Bezeichnung entstammt nicht der Traditionellen Chinesischen Medizin. In der TCM gibt es keinen Allergiemeridian. Vgl. Krohne, Horst: „Organsprachetherapie“

Ursache für das Problem eines Klienten sein könnte und ein paar Minuten später ging wie von selbst der Knoten auf und derjenige saß in Tränen vor mir. Ich bemerkte auch, dass die Messungen des Lebenskalenders bei ein und demselben Menschen von Sitzung zu Sitzung unterschiedlich ausfielen. Sehr oft war beim ersten Termin noch kein Trauma zu finden und später tauchten nach und nach welche auf. Ganz offensichtlich schien es hier wichtig zu sein, dass zuerst gewisse Vorarbeit geleistet wurde oder dass der Klient erst Vertrauen zu mir aufbaute.

Mit jedem Arbeitstag wurde mir klarer, wie stark ich bei dem, was ich tat, geführt wurde und ich war sehr froh darüber. Ich hätte nicht entscheiden wollen und können, wann der richtige Zeitpunkt war, um z.B. einen sexuellen Missbrauch das erste Mal anzusprechen.

Zwar war es anfangs - Macht der Gewohnheit - nicht ganz leicht für mich, meinen Verstand zurückzustellen, aber es blieb mir nicht verborgen, dass die Ergebnisse umso besser waren, je weniger ich dachte. Je öfter ich es mir erlaubte, mich ganz auf meine Intuition zu verlassen, umso mehr Eingebungen hatte ich und umso öfter und schneller erhielt ich auch sehr präzise Antworten auf konkrete Fragen, die ich im Stillen stellte. Die Art, wie mir die Antwort übermittelt wurde, hatte sich gegenüber früher allerdings nicht verändert. Immer noch tauchte das Wissen plötzlich in meinen Gedanken auf, ich hätte es mir ebenso gut selbst ausgedacht haben können. Als Unterscheidungskriterium hatte ich einerseits den Weisheitsgrad der Information und die Tatsache, dass sich diese Eingebungen in der Regel dann einstellten, wenn ich gedanklich gerade mit einem ganz anderen Thema befasst war.

Einmal fragte ich, wofür meine Seele sich eigentlich einen so scharfen Verstand ausgesucht hatte, wenn ich mein tägliches Geschäft viel besser ohne ihn verrichten konnte. Die Antwort war, dass es zu meiner Lebensaufgabe gehörte, eine Brücke zu schlagen zwischen der Esoterik, der ja nach wie vor etwas Unseriöses anhaftet, und dem Teil der Gesellschaft, der immer noch rein materialistisch orientiert ist. Meinen

Verstand würde ich immer brauchen, aber nachdem er bisher fast allein mein Leben regiert hatte, ginge es jetzt erst einmal darum, meiner inneren Stimme wieder Gehör zu schenken, die ich sehr vernachlässigt hatte.
Gut, das konnte ich nachvollziehen.

Noch schwerer als den Verstand konnte ich meinen Willen beiseite lassen. Lars hatte uns immer wieder eingebläut, wir sollten, ohne irgendetwas für den Klienten zu wollen, einfach unser Herz öffnen. Ich verstand zwar in etwa, was er damit meinte, aber es gelang mir einfach nicht, nicht zu wollen, dass es meinen Kunden besser ging, dass sie meine Behandlung als angenehm empfanden und dass sie womöglich wiederkommen würden. Obwohl ich also glaubte, ich habe begriffen um was es ging, ich könne es nur nicht umsetzen, irrte ich mich.

Fast immer, wenn ein Mensch ein Vorhaben partout nicht verwirklichen kann, ist der Verstand nicht restlos überzeugt. So war es auch bei mir, ich war innerlich gespalten. Ein Teil von mir war fest der Meinung, dass Lars ein erfahrener Heiler war und sicher recht hatte. Außerdem hatte ich nicht erst einmal gelesen, dass ein Wunsch die Energie des Mangels in sich trägt, die automatisch verhindert, dass das Erwünschte eintritt. Aber es gab da noch einen anderen Teil in mir und der war sich ganz sicher, dass ich es meinen Klienten, mir selbst und meinem Geschäft schuldig war, zu wollen, dass ich gute Arbeit leistete. Gute Arbeit leisten bedeutete ja wohl, dass es den Menschen, die ich behandelte, anschließend besser ging.
War nicht Aufmerksamkeit auch Energie und musste ich nicht das, was ich erreichen wollte, mit Energie füttern, indem ich ihm Aufmerksamkeit schenkte? Wie sollte also irgendjemand gesund werden, wenn ich das nicht wollte?

Kein Wunder, dass es bei diesen Meinungsverschiedenheiten in meinem Kopf an der Umsetzung mangelte. Erst nach und nach gelang es mir, mein Wissen zu sortieren und Theorie und Praxis sinnvoll miteinander zu verknüpfen.

Wenn ich mir etwas wünsche, gehe ich davon aus, dass mir etwas fehlt, was ich zu meinem Glück brauche. Ich bin also energetisch tatsächlich viel mehr auf die Frequenz des Mangels eingestellt, die weiteren Mangel anzieht. Je mehr ich also glaube, etwas unbedingt haben oder erreichen zu müssen, umso mehr werde ich es von mir wegschieben.
Es gibt über diese Thematik eine Menge an Literatur, zum Beispiel die sehr bekannten LOA-Bücher[4]. LOA ist die Abkürzung für Law Of Attraction, also Gesetz der Anziehung, das genau diesen Zusammenhang erklärt. Die Bücher beschreiben, dass ich etwas umso schneller bekomme, je besser es mir gelingt, in mir das Gefühl zu erzeugen, ich hätte es bereits. Also das Gefühl von Dankbarkeit, Freude und Vollständigkeit. Mit dieser Schwingung werde ich dann wahrscheinlich noch viel mehr von dem, was mir Freude macht anziehen, als ich mir je erträumt habe.
Ich teile die Meinung der Autoren derartiger Werke uneingeschränkt, würde aber sogar noch einen Schritt weitergehen und sagen, dass es ohnehin eine Illusion ist, zu glauben, man bräuchte irgendetwas, um glücklich zu sein. Das Glück wohnt in jedem einzelnen von uns, wir müssen ihm nur unsere Aufmerksamkeit schenken. Es ist völlig unabhängig von irgendwelchen äußeren Gegebenheiten.
Wie oft haben Sie schon geglaubt, wenn Sie dieses oder jenes noch erreicht hätten, würden Sie glücklicher sein? Und, waren Sie es? Für wie lange?

Ich für meinen Teil habe mich diesem Irrglauben mein ganzes Leben lang hingegeben. Erst dachte ich, wenn ich erwachsen wäre und nicht mehr bei meinen Eltern wohnen würde, wäre ich glücklich. Dann dachte ich, es wäre sicher dann soweit, wenn ich einen tollen Job hätte. Ich bildete mir ein, dass ein Pferd mich glücklich machen würde und ein netter Partner, ein abgeschlossenes Studium und was weiß ich noch alles.
Offensichtlich konnte ich mir, ohne mir dessen bewusst zu sein, ganz gut

---

[4] Vgl. Hicks, Esther und Jerry : „The Law of Attraction: Das kosmische Gesetz hinter ‚The Secret'"
Reiland, Christian: „LOA - Das Gesetz der Anziehung"

vorstellen, wie sich all das anfühlen würde und mein Mangelbewusstsein war trotz der vielen Wünsche gerade klein genug, dass sie sich trotzdem alle erfüllen konnten. Aber das Glück habe ich dadurch nicht gefunden.
Ich fand auch gleich eine Erklärung dafür. Schließlich war ich ja immer noch gesundheitlich angeschlagen, wie konnte ich da glücklich sein?

Heute bin ich ein glücklicher Mensch. Wenn ich morgens aufstehe, freue ich mich auf den Tag, ich liebe alles, was ich tue und mehrmals täglich treten mir Tränen der Dankbarkeit in die Augen. Aber eines weiß ich sicher: Ich bin gesund, weil ich glücklich bin und nicht umgekehrt. Ich habe eine Arbeit, die ich liebe, weil ich mich selbst liebe und nicht umgekehrt. Genauso verhält es sich mit den restlichen Dingen, die mein Leben bereichern.
Als ich begann, mit Gabriela gemeinsam an mir zu arbeiten, wurde ich langsam immer gesünder, weil ich beschloss, mich vom Leid ab- und dem Glück zuzuwenden. Ich begann, meine Gedanken auf Positives auszurichten und hörte auf, mich selbst und andere zu kritisieren. Dadurch konnte ich gesund werden.
Warum ich das so genau weiß?
In den 13 Jahren, in denen ich massiv unter Herzrhythmusstörungen litt, gelang es verschiedenen Ärzten immer wieder für kurze Zeit meine Symptome medikamentös zu unterdrücken. Trotzdem war ich in diesen Phasen genauso unzufrieden mit mir und meinem Leben wie davor und danach.
Und heute gibt es für mich natürlich immer noch Tage, an denen ich mich körperlich nicht so gut fühle, weil ich etwas Schlechtes gegessen habe oder auch weil sich mein Herz wieder kurz bemerkbar macht. Das passiert durchaus noch gelegentlich, vor allem wenn ich etwas schreibe, was mich sehr bewegt. Es kann schon vorkommen, dass ich mich gestört oder erschreckt fühle von dem, was mein Körper so treibt, aber ich verurteile ihn dafür nicht.
Ich bin auch manchmal schlecht gelaunt, natürlich. Aber ich bin mir sicher, dass die tiefe Verzweiflung, die mich so lange begleitet hat, nie zu mir zurückkehren wird, weil ich das Glück in meinem Inneren

gefunden habe, das auch dann noch da wohnt, wenn die Bedingungen im Außen weniger rosig sind. (Wobei die Wahrscheinlichkeit, Unangenehmes zu erleben nach dem Gesetz der Anziehung zugegebenermaßen nicht sehr hoch ist.)

Auch in der Praxis erlebe ich es manchmal, dass Klienten körperlich sofort auf die Behandlung ansprechen und sie beschwerdefrei sind, ohne dass sich ihre Haltung dem Leben gegenüber wirklich verändert. Eine Frau versicherte mir in der ersten Sitzung, sie wäre der glücklichste Mensch, wenn sie nur diese Schulterschmerzen nicht mehr hätte. Ein paar Wochen später waren die Schmerzen längst weg, aber sie war keineswegs selig, sondern regte sich maßlos über das unverschämte Verhalten ihres Nachbarn auf. Die Schulterschmerzen kamen so lange immer wieder zurück, bis sie sich doch zu einer friedlicheren Einstellung entschließen konnte.

Sie wundern sich vielleicht darüber, dass ich Gesundheit zu den Äußerlichkeiten zähle. Wenn ich zwischen innen und außen unterscheide, meine ich einerseits die geistig-seelische Ebene und ihr gegenüber die Dinge, die sich im Materiellen niederschlagen. Körperliche Gesundheit ist für mich genau wie beruflicher Erfolg, eine gute Partnerschaft oder finanzielle Fülle die äußere Folge einer inneren Geisteshaltung.

Wir sind Teil einer unglaublichen Schöpfung. Gott hat sich auf alles, was existiert ausgedehnt, hat verschiedene Formen angenommen. Zusammen mit allem was ist, sind wir Gott. Wir tragen das Göttliche in uns. Wie könnten wir weniger perfekt sein als Gott selbst? Wie könnte irgendetwas uns besudeln oder verletzen?
Leid kann nur aus uns selbst entstehen, wenn wir vergessen, wer wir sind. Weil wir als Teil Gottes auch Schöpfer sind, erschaffen wir unsere eigene Realität. Wenn wir glauben, dass wir verletzlich sind, dass wir leiden können, dass wir uns schuldig machen, mit dem was wir tun, dann wird das in unserer Realität so sein. Aber unsere persönliche Realität ist nicht die eigentliche, göttliche Realität. Mit unserem freien Willen können wir in jedem Moment entscheiden, in welcher von

beiden wir leben wollen.
Im selben Moment, in dem wir es uns erlauben, unsere göttliche Natur als die einzige Wahrheit anzunehmen, geschieht Heilung. Sofort. Egal aus welchem Zustand heraus.
Wenn Ihnen der Schritt von Gott zu sich selbst ein zu großer ist, denken Sie an ein Neugeborenes. Es fällt schwer, die Göttlichkeit eines Babys nicht zu erkennen. Wir nehmen sie nicht mit unseren Augen wahr, sie leuchtet direkt in unser Herz hinein und berührt uns tief. Sie werden mir zustimmen, dass ein solches Wesen perfekter nicht sein könnte. Was sollte der Unterschied sein, zwischen diesem Kind und Ihnen? Glauben Sie mir, Sie sind nur ein bisschen größer.

Inzwischen ist es so, dass ich über die äußere Fassade der Menschen, die in meine Praxis kommen, völlig hinwegsehen kann. Das bedeutet nicht, dass ich für das Leid, das sie empfinden, kein Mitgefühl aufbringe, aber tief in meinem Inneren weiß ich, dass sie in einer Illusion gefangen sind. Wenn der Klient auf der Liege liegt, vergesse ich automatisch seine Krankheit, seine Probleme und all seine Schwächen. Ich gehe in mich, verbinde mich mit meinem eigenen göttlichen Kern und gebe diese liebevolle Energie weiter. Das ist alles. Ich brauche nichts zu wollen, weil es nichts zu wollen gibt. Was sollte ich besser machen können als Gott es gemacht hat? Lars hatte also voll und ganz recht damit, als er gesagt hat, wir sollten einfach unser Herz öffnen und nichts wollen. Ich bin mir sicher, so hat er es gemeint.

Wann genau sich diese Erkenntnis in mir ausgebreitet hat, kann ich nicht genau sagen. Ich denke, es war ein fließender Übergang. Irgendwann konnte ich das miteinander verbinden, was ich gehört und gelesen hatte, was meine geistige Führung mir vermittelte und was ich spüren konnte, wenn ich selbst mit meinem eigenen inneren Licht in Berührung kam. Es ist ein unbeschreibliches Gefühl von überwältigender Liebe und Glückseligkeit.
Viele Menschen lernen es im Zusammenhang mit ihren Kindern kennen, wenn sie sie das erste Mal im Arm halten oder ihnen versunken dabei zusehen, wie sie große Entwicklungsschritte machen. Andere empfinden

es, wenn sie ganz in ihrem Element sind, aus tiefstem Herzen heraus das tun, was ihnen am meisten Spaß macht, wie tanzen, malen oder singen. Ich kannte diese bedingungslose Liebe von der Arbeit mit meinen Pferden, dann stellte sie sich bei der Heilarbeit ein und heute überfällt sie mich stürmisch beim Schreiben, beim Spazierengehen, im Gespräch mit anderen Menschen und bei vielen anderen Gelegenheiten und treibt mir die Tränen in die Augen.

Ich kann mich noch gut daran erinnern, wie erhebend es war, als ich zum ersten Mal die Bedeutung dessen, was ich da entdeckt hatte, realisierte. Das, was da war, dieses großartige Etwas, trug ich in meinem Inneren und nichts und niemand würde es mir je wieder wegnehmen können. Doch auch heute, wo es schon Jahre her ist, seit ich das göttliche Licht in mir gefunden habe, komme ich zwar immer öfter damit in Berührung, aber es ist nicht den ganzen Tag bei mir. Immer wieder verliere ich den Kontakt, zum Beispiel wenn ich in meiner Freizeit länger von Menschen umgeben bin, die sich noch nicht auf die Suche nach ihrem wahren Kern begeben wollen. Mittlerweile bin ich allerdings sehr geübt darin, recht schnell die Verbindung wieder herzustellen, wenn es mir auffällt, dass ich dabei bin mich zu entfernen. Ich glaube, dass es den Wenigsten gelingt, unmittelbar nach der Entdeckung ihres höheren Selbst gleich dauerhaft darin zu verweilen und stets aus dieser Warte heraus zu agieren. Bei den meisten, wie auch bei mir, ist es ein längerer Prozess. Jede Seele wird automatisch ihr eigenes Tempo wählen, aber es steht für mich außer Zweifel, dass es unser aller Ziel ist, die sogenannte Erleuchtung zu erreichen. Den Zustand, in dem wir nie wieder auch nur für eine Sekunde vergessen, wer wir sind und wer die sind, die uns umgeben: Eine von vielen Formen, die Gott angenommen hat und mit der ihm all seine Perfektion gemeinsam ist.

Ich bin sehr dankbar, dass es mir bei meiner Arbeit immer wieder gelingt, verzweifelte Menschen mit dieser Energie in Kontakt zu bringen und wenn es nur für kurze Zeit ist. Es ist nicht an mir zu entscheiden, in welchem Tempo jemand voranschreiten will, oder auch ob überhaupt.

Ich weiß jetzt auch, dass es nichts mit mir zu tun hat, wenn die Behandlung und das Gespräch bei jemandem überhaupt nichts bewirkt. Ich lasse mich einfach führen und teile dem Klienten das mit, was ich von ihm und über ihn empfange, weil ich mit meiner geistigen Führung die Übereinkunft getroffen habe, dass ich keine Informationen erhalte, die ich nicht weitergeben soll.
Sehr oft geht es auch gar nicht um schwerwiegende, verdrängte Prozesse, sondern einfach nur darum, Zusammenhänge zwischen längst Bekanntem herzustellen. Wie bei der Dame, von der ich am Anfang des Kapitels erzählt habe.
Sie wusste sehr genau um ihren Prozess, aber sie brachte ihn nicht mit ihrem Ausschlag in Verbindung und brauchte ein wenig Unterstützung dabei, eine andere Sicht auf die Dinge zu bekommen.

Ein Mann kam zu mir, weil er spielsüchtig war und erzählte mir auch, dass er mit einer Frau zusammen war, die er nicht wirklich aus tiefstem Herzen liebte. Er mochte sie gerne, aber irgendwie fühlte er sich auch erdrückt von ihrer Liebe. Sie war von ihrem früheren Partner, mit dem sie ihr Leben hatte verbringen wollen, aus heiterem Himmel verlassen worden und hatte jetzt große Angst, auch meinen Klienten zu verlieren. Ihr gesamtes Lebensglück hatte sie von ihm abhängig gemacht, alles was sie tat, tat sie nur für ihn.
Er war sehr verblüfft, als ich ihm aufzeigte, dass seine Beziehung mit seiner Spielsucht in engem Zusammenhang stand.

Wir leben in einer polaren Welt, was bedeutet, dass es von allem, was es gibt, zwei einander entgegengesetzte Pole gibt, wie zum Beispiel schwarz und weiß, Mann und Frau, faul und fleißig, warm und kalt, reich und arm, Sie können die Reihe beliebig fortführen. Doch wie es das Yin-Yang-Zeichen in der asiatischen Kultur symbolisiert, sind diese scheinbaren Gegensätze untrennbar miteinander verbunden und bedingen einander.
Wir könnten nicht zwischen Licht und Dunkel unterscheiden, wenn es nicht beides gäbe. Es ist eine menschliche Eigenart, dass wir sehr gerne alles, was uns begegnet in dieses Polaritätsschema einordnen. Wir

entscheiden, ob das Wetter heute warm oder kalt ist und ob uns jemand freundlich oder unfreundlich erscheint. Sehr subjektiv, versteht sich, denn wen ich als nett empfinde, müssen Sie noch lange nicht mögen.
Und weil wir schon dabei sind, entscheiden wir anschließend meist gleich noch, ob wir dieses Etwas, das für uns einen von zwei möglichen Polen repräsentiert, in unser Leben integrieren wollen oder nicht.
Doch nach universellem Gesetz strebt alles nach Ausgleich. In einer polaren Welt, in der wir nun mal leben, ist von beiden Seiten der Fahnenstange immer in etwa gleich viel vorhanden. Wenn Sie sich ein Brett vorstellen, das nur in der Mitte aufliegt, wo auf diesem Brett, könnten sie gefahrlos stehen? Natürlich in der Mitte. Wenn Sie zu weit nach rechts oder links steigen, wird das Brett kippen und Sie werden stürzen.
Jetzt stellen sie sich noch am rechten und linken Ende des Brettes die beiden Pole von was auch immer vor, nehmen wir faul und fleißig. Um einen stabilen Halt zu haben, sollten Sie darauf achten, dass sich faul und fleißig in ihrem Leben in etwa die Waage halten.
Das Universum, wertet nicht. Es ist völlig uninteressant, ob Sie es als ehrenwerter erachten fleißig zu sein, Ihr Brett wird kippen, wenn sie zu weit auf einer Seite stehen. Waren Sie also lange Zeit zu fleißig und haben sich zu wenig ausgeruht, strebt Ihr System nach dem universellen Polaritätsgesetz von ganz alleine nach Ausgleich und Sie werden vielleicht eine Grippe bekommen, die Sie für zwei Wochen ans Bett fesselt und sie zur Faulheit zwingt.

Es gibt zahllose Möglichkeiten wie Systeme sich ausgleichen. Eine beliebte andere ist die durch unsere Mitmenschen. Wenn Sie also zum Beispiel jemand sind, der besonders fleißig ist und zudem sind Sie so gut wie nie krank, dann vermute ich fast, dass sie von einer Menge fauler Mitmenschen umgeben sind, denn irgendwo muss die Balance wieder hergestellt werden. Das ist ein sehr logisches und einfaches Prinzip, das auf alles gleichermaßen anwendbar ist. Pedantische Männer suchen sich schlampige Frauen, nach der Nacht kommt der Tag, nach dem Regen scheint wieder die Sonne.

In der Angelegenheit von meinem spielsüchtigen Klienten war es nicht leicht, die beiden Pole klar zu benennen, aber es ging um Abhängigkeit. Dadurch dass seine Partnerin sich so stark von ihm abhängig gemacht hatte, hatte er sich zum Ausgleich etwas gesucht, von dem er abhängig war. Hätte er diesen Weg nicht gewählt, hätte er sich augenblicklich von seiner Frau trennen müssen, er hätte sie nicht ertragen. Doch das wollte er nicht, denn er hatte Mitleid mit ihr. Der Weg aus seiner Sucht führte aber über eine Trennung oder aber über gemeinsame Arbeit. Hin zu einer gleichberechtigten Beziehung.

Es ist immer wieder berührend zu beobachten, wie sich Menschen alleine dadurch verändern, dass sie Zusammenhänge erkennen. Wenn sie begreifen, dass das, was sie da mit sich herumschleppen, kein unnötiger Ballast, sondern höchst sinnvoll ist, es in irgendeiner Art und Weise das System in der Waage hält. Ich bin mir ganz sicher, es gibt nichts auf dieser Welt, das nicht bedeutsam und wichtig ist. Alles was uns begegnet, trägt eine wichtige Botschaft für uns. Irgendwo habe ich einmal den Satz gelesen: „Gott macht keine zweifelhaften Geschenke." Der mir unbekannte Autor möge mir verzeihen, dass ich seinen Namen nicht nennen kann, aber ich finde diesen Satz wunderbar. Alles ist ein Geschenk, auch wenn es von außen gar nicht so aussieht, aber ich muss es annehmen, um seinen Wert zu erkennen. Wenn ich es von mir wegschiebe, kann ich es nicht öffnen. Ich kann es mir anschauen, muss es ja nicht behalten. Wenn ich die damit verbundene Botschaft verstanden habe, werde ich es ohnehin nicht mehr brauchen.

Natürlich gilt all das auch für körperliche Symptome. Unser Körper ist genauso göttlich wie alles andere an uns und wenn er in einer Art und Weise reagiert, die für uns unangenehm ist, macht er das nicht aus Zufall, erst recht nicht weil er uns ärgern will. Er macht es, weil es für ihn eine gute, vielleicht sogar die einzige Möglichkeit ist, sich auszubalancieren und dadurch wichtigere Funktionen aufrecht zu erhalten.
Oder er übermittelt uns eine Botschaft unserer Seele. Meistens ist sogar beides der Fall. Jedenfalls - ich sage es noch einmal, weil es so wichtig ist

- alles, was unser Körper macht, macht Sinn. Wir brauchen unsere Symptome, sonst hätten wir sie nicht. Alleine das liebevolle Annehmen unserer Beschwerden mit dem Wissen, dass sie wertvoll sind, bringt uns einen großen Schritt näher an die Heilung, auch wenn wir noch gar nicht wissen, was genau die Bedeutung dahinter ist. Während deren bloße Unterdrückung eigentlich ein Kampf gegen uns selbst ist. Eine Krankheit nur unterdrücken zu wollen ist wie die Glühbirne aus der Öllampe im Auto herausschrauben, wenn sie leuchtet.
Es ist ein Ausdruck der inneren Haltung: „Mein Körper macht schon wieder Unfug, na warte, das werde ich ihm austreiben.“ Etwas nicht annehmen zu wollen, was ohnehin schon da ist, ist erstens ziemlich sinnlos und zweitens können Sie dann keinen Einfluss darauf nehmen. Wie sollten Sie von etwas geheilt werden, das Sie sich nicht einmal näher anschauen wollen, als hätte es nichts mit Ihnen zu tun.
Während ich diesen Satz schreibe, fällt mir auf, dass selbst unsere Sprache die Dinge unzureichend beschreibt. Üblicherweise wird der Satz im Passiv formuliert: „Ich werde geheilt.“ So, als ob jemand anderer dafür zuständig wäre. Dabei kann ich nur aus mir selbst heraus heil werden, es sollte also besser heißen: „Ich heile.“

Der nächste Schritt zur Heilung nach dem Annehmen der Krankheit ist es dann zu schauen, was ihre Botschaft an mich ist. Üblicherweise ist dies nicht von Anfang an offensichtlich und viele Menschen neigen bei sich selbst zu einer gewissen Betriebsblindheit. Auch mir geht es immer wieder so, dass ich bei anderen sehr schnell erkenne, worum es geht, während ich bei eigenen Problemen doch gelegentlich länger im Dunkeln tappe. Wenn dem so ist, lasse ich mir entweder von einer meiner Heiler-Freundinnen helfen oder ich nehme mir einfach ausreichend Zeit, ziehe mich zurück, lege die Hände auf die Problemstelle und nehme Kontakt damit auf. Ganz so, wie wir es in der Organsprache in unserer Ausbildung gelernt haben. Auch die Engel und meine geistige Führung bitte ich um Hilfe. Egal was ich dann erfahre, und ich erfahre immer etwas, ich schicke in jedem Fall abschließend eine große Portion Liebe an die Stelle, der es nicht so gut geht und danke ihr für ihre Nachricht.

Auch wenn Sie in solchen Dingen noch wenig geübt sind, rate ich Ihnen, es auszuprobieren. Was ein Symptom auch immer sagen möchte, in jedem Fall will es Aufmerksamkeit erregen. Sie werden sehen, dass allein die Zuwendung und die Berührung sofort lindern. Und ich bin mir sicher, dass das Einfühlen auch Ihnen interessante Informationen liefern wird. Vielleicht führen Sie ein fruchtbares Gespräch und finden einen neuen Freund. Versuchen Sie es einfach, Sie brauchen es ja niemandem zu verraten.

Oder Sie lassen einfach diese Zwischenschritte weg und nehmen den schnellsten Weg zu absolutem Glück und ewiger Gesundheit: Erinnern Sie sich an Ihre göttliche Natur und an die all Ihrer Mitgeschöpfe. Blicken Sie hinter die Fassaden und lassen sie die Kraft fließen, die alles heilen kann. Die Liebe.

Meine Seele hat für mich zwar nicht die Direktroute ausgewählt, aber ich genieße die Reise und bin dankbar, dass ich das, was ich auf meinen Umwegen gelernt habe und weiterhin lerne an andere weitergeben kann. Wenn ich auch nur einem Menschen ein wenig mehr Licht in sein Leben bringen konnte, hat sich am Ende jeder Meter doppelt gelohnt. Irgendwann kommen wir alle an und das ist es was zählt.

Margit

Auf meiner Suche nach mir selbst waren es immer wieder meine Mitmenschen, die ganz wesentlich dazu beitrugen, dass ich große Schritte nach vorne machte. Natürlich steckt in jeder noch so kleinen Begegnung eine Botschaft und eine Chance zur Weiterentwicklung, die ich stets zu entdecken versuche. So habe ich jedenfalls von jedem einzelnen meiner Klienten etwas lernen können und mit vielen von ihnen fühle ich mich durch die gemeinsamen Erlebnisse verbunden. Doch es gibt ein paar wenige Menschen, die ganz besondere Begleiter und Lehrmeister für mich waren, wie zum Beispiel mein Mann Christof und Gabriela. Zu ihnen gehört auch meine Freundin Margit Wukicsevits, die ich in der Ausbildung zur geistigen Heilerin kennengelernt habe.

Als ich ihr Gesicht zum ersten Mal sah, erkannte ich sie gleich, womit ich meine, dass unsere Seelen sich offensichtlich bereits länger kannten. Schon in der allerersten Mittagspause unterhielten wir uns äußerst angeregt und entdeckten auch sofort etliche Gemeinsamkeiten. In ihrem ganzen Wesen war sie mir ähnlich. Sie war offen und selbstbewusst in ihrem Auftreten, intelligent und wissbegierig, genau wie ich auf den ersten Eindruck vielleicht eine Spur zu sehr kopfgesteuert. Wir waren so sehr auf einer Wellenlänge, dass wir ganz automatisch die anderen Kursteilnehmer völlig aus unserem Gespräch ausschlossen, weil die anderen unseren Gedankengängen großteils gar nicht folgen konnten. Ich fand Margit rasend interessant und vermute fast, dass es ihr mit mir genauso ging.
Auf dem spirituellen Weg war sie schon länger als ich. Sie hatte bereits eine mehrjährige Ausbildung zur Diplomkinesiologin durchlaufen, parallel dazu auch noch das Neurolinguistische Programmieren (NLP) erlernt und kombinierte die beiden Methoden jetzt in ihrer eigenen Praxis.
Doch mit diesen beiden Therapieformen bewegte sie sich auf einem Terrain, das gesellschaftlich wesentlich anerkannter war, als das geistige Heilen, dem sie selbst noch gewisse Vorbehalte entgegenbrachte.

Es war ihr wichtig, dass sie die Dinge nachvollziehen und erklären konnte und dass sie von ihren Klienten als seriöse Therapeutin wahrgenommen wurde. Davor war sie Lehrerin gewesen.

Sehr schnell stellte sich heraus, dass wir erstaunlicherweise beide einen angeborenen Herzfehler hatten und das Herz für unser beider Leben eine recht tragende Rolle spielte, wenn auch in einander entgegengesetzten Ausprägungen. Sie hatte keinerlei körperliche Beschwerden mehr, hatte sich aber als Kind einer schweren Operation am offenen Herzen unterziehen müssen, die sie nicht gewollt hatte. Im Zusammenhang mit diesem Eingriff hatte sie ein Nahtoderlebnis, wurde aber wiederbelebt, was sie immer noch belastete. Es störte sie, ins Leben zurückgeholt worden zu sein. Nach ihren eigenen Worten hätte sie es vorgezogen, auf dieser anderen Daseinsebene zu bleiben und empfand das Verhalten der Ärzte ein zweites Mal als ungewollte Einmischung. Nach all den Jahren, die seither vergangen waren, trug sie eine gewisse Todessehnsucht mit sich.

Bei mir war es genau andersherum. Durch meine Rhythmusstörungen hatte ich eine ständige Todesangst entwickelt. Nichts fürchtete ich mehr, als dass mein Leben plötzlich zu Ende sein könnte. Die Ärzte, die ich aufsuchte, waren mir immer zu wenig engagiert und die Katheteroperation, die schließlich durchgeführt wurde, hatte ich unbedingt gewollt.
Nicht nur das Herz, sondern damit verbunden auch der Tod, war unser gemeinsames Lebensthema und wir beide hatten die Angelegenheit noch nicht vollständig hinter uns lassen können. Wenn wir auch schon viel erreicht hatten, unsere Lebensfreude war noch ein wenig getrübt.

Schon nach dem ersten Kurs verabredeten wir uns privat, um das Gelernte gemeinsam zu üben, doch unser Treffen drehte sich keineswegs um den Seminarstoff. Stundenlang plauderten wir ohne zu merken, wie die Zeit verflog und beschlossen, uns in Zukunft regelmäßig zu sehen, um zu reden und uns gegenseitig zu behandeln. Mit Margit durfte ich erfahren, wie fruchtbar regelmäßiges gemeinsames Arbeiten sein kann. Mit ihr war es ganz anders als mit Gabriela, weil es ein

Austausch war. Wir lernten voneinander und nicht nur die eine von der anderen. In unseren Gesprächen zeigte sich immer wieder, dass uns oft gerade die gleichen Themen beschäftigten. Doch so einig wir uns manchmal waren, so entgegengesetzt waren unsere Ansichten ein anderes Mal und es ergaben sich höchst interessante Diskussionen. Auch wenn wir unterschiedlicher Meinung waren, empfand ich das nie als störend. Margits Blickwinkel war immer eine große Bereicherung für mich und ist es heute noch.

Während ich einen kleinen Beitrag dazu leisten durfte, dass sie sich mit rein geistigen Techniken besser anfreunden konnte, faszinierte mich ihre Arbeit, weil sie so strukturiert war. Ich war es gewohnt, mit meinen Klienten einfach drauflos zu arbeiten und mich treiben zu lassen, während Margit, bevor sie mich behandelte, darauf bestand, dass wir gemeinsam ganz genau in einem Satz definierten, was das Ziel der Sitzung sein sollte.
Anschließend erfragte sie anhand eines Fragenkatalogs mittels Muskeltests von meinem Körper, was gemacht werden sollte, um dieses Ziel zu erreichen. Je nachdem was die Tests ergaben, waren die nachfolgenden Schritte variabel und zum Abschluss überprüfte sie wieder mit dem Muskeltest, ob das Ziel erreicht worden war. Mich beeindruckte, dass ich sofort nach der Behandlung den unmittelbaren Beweis bekam, dass sie erfolgreich gewesen war. Mein Arm, der vorher beim lauten Aussprechen des gemeinsam erarbeiteten Zielsatzes noch völlig kraftlos gewesen war, war am Ende jedes Mal bärenstark.

Für die Klienten, die ich in meiner Praxis behandelte, war es manchmal viel schwieriger, den Erfolg meiner Bemühungen an irgendetwas festzumachen, weil die Veränderungen in den Tagen und Wochen nach dem Termin langsam und oft sehr subtil eintraten.
Wenn ein Kunde zum wiederholten Male erschien, kam es immer wieder vor, dass mir schon an der Haustür auffiel, dass er eine ganz andere Ausstrahlung hatte, ruhiger, lebendiger, selbstsicherer wirkte, während er selbst mir erklärte, sein Zustand wäre unverändert. Das deprimierte mich anfangs sehr und sobald Margit ihre Prüfung zum

Kinesiologie-Ausbilder in der Tasche hatte, besuchte ich eines ihrer Seminare. Das Feedback, das ich vom Universum für diese Entscheidung erhielt, war allerdings negativ.
Ich fühlte mich während des Kurswochenendes überhaupt nicht wohl. In der Wohnung, in der es stattfand, fühlte ich mich unglaublich eingeengt und ich wünschte mir die ganze Zeit nichts sehnlicher, als draußen im strahlenden Sonnenschein zu sein. Unter den anderen Kursteilnehmern gab es niemanden, mit dem sich ein längeres Gespräch ergeben hätte und ich war enttäuscht, dass die Atmosphäre ganz anders war als in der Geistheilungsausbildung. Rückblickend war dies nur selbstverständlich, denn es war erst das erste Seminar einer Kursreihe und alle beteiligten Personen waren sich noch völlig fremd, trotzdem war mein subjektiver Eindruck natürlich ein wichtiger Wegweiser für mich.
Ich hörte insofern auf die Zeichen, als ich keinen weiteren Kurs belegte, besorgte mir aber ein umfangreiches Fachbuch, in dem ich weiterlernte und versuchte circa drei Monate lang, die Kinesiologie in meine bestehende Arbeit zu integrieren. Dadurch verlor ich einige Klienten, die davor regelmäßig gekommen waren. Auch die Neuanmeldungen gingen zurück, so dass ich schließlich auch das bleiben ließ, was sich wiederum unmittelbar auf meinen Umsatz auswirkte, diesmal positiv.

Die Suche nach leichter erklärbaren und „seriöseren“ Behandlungsmethoden, schien mich eindeutig nicht in die Richtung zu führen, in die ich sollte.
Mittlerweile verzichte ich auch gänzlich auf Tensormessungen und verlasse mich stattdessen ausschließlich auf meine geistige Führung. Dass auch die Klienten bisweilen auf ihre innere Stimme vertrauen müssen um nachzuvollziehen, dass sie die gemeinsame Arbeit weiterbringt, weil sich ihr inneres Weiterkommen erst mit gewisser zeitlicher Verzögerung im Außen niederschlägt, sehe ich heute als wichtigen Therapiebestandteil.

Doch auch wenn es mir nicht bestimmt war kinesiologisch zu arbeiten, so handelt es sich dabei doch um eine faszinierende, hoch entwickelte und vielseitig kombinierbare Behandlungsmethode. Vor allem Margits selbstentwickelte Art sie anzuwenden, ist einzigartig und genial. Sie hat mir damit enorm weiter geholfen.

In unseren ersten gemeinsamen Sitzungen war es ziemlich gleichgültig, wie wir das Ziel definierten, wir landeten immer bei meiner Familie. Egal ob ich an meinem beruflichen Erfolg arbeiten wollte oder daran mehr Geduld zu haben, meine Muskeln offenbarten, dass ich die Beziehung zu Vater, Mutter oder Bruder noch einmal anschauen sollte.
Ich war nicht gerade erfreut darüber, denn das Thema hing mir schon zum Hals heraus und ich war der Meinung, es wirklich zur Genüge bearbeitet zu haben. Vor allem nach der Geschichte mit der Reinkarnationstherapie hatte ich geglaubt, es endlich abhaken zu können. Doch Margit ließ sich nicht beirren und führte mich in Situationen meines Lebens zurück, die mit tiefen Gefühlen verbunden waren, die noch erlöst werden mussten.

So durchlebte ich zum Beispiel ein zweites Mal, wie ich als Kleinkind mitsamt meinen Schwimmflügeln im See fast ertrunken wäre, weil ich das Gesicht im Wasser hatte und nicht in der Lage war, den Kopf zu heben. Die Verzweiflung, die ich empfand, war unbeschreiblich, weil ich die Tatsache, dass meine Eltern mir nicht zu Hilfe kamen so deutete, dass ich ihnen völlig gleichgültig war. Allein dieses Gefühl zuzulassen und zu artikulieren war eine große Erleichterung. Doch Margit redete auch mit mir und bearbeitete diverse Akupunkturpunkte, bis ich mich entspannte und ich das Ereignis beschreiben konnte ohne in Erregung zu geraten.

Ein anderes Mal stand ich plötzlich im Geiste meinem Bruder gegenüber und meine Freundin forderte mich auf, ihm zu sagen, was ich ihm schon immer sagen wollte.
Ich sagte: „Nichts."
„Sag ihm, was du dir von ihm wünschst."
„Ich wünsche mir nichts von ihm."
„Was erwartest du von ihm, wie soll er sich dir gegenüber verhalten?"
„Gar nicht, er soll mich einfach in Frieden lassen."
„Da ist noch mehr, sag es ihm."

„Gar nichts ist da, was soll da sein?“
„Spür hin.“
„Tu ich ja, da ist nichts.“
„Schau genauer, was spürst du?“
„Da ist nichts, lass mich in Ruhe.“
Doch Margit ließ nicht locker, weil mir die Tränen übers Gesicht liefen und sie spürte dass wir noch nicht am Punkt waren.
Immer wieder hörte ich ihre ruhige Stimme: „Sag es.“
„Ich kann es nicht“, kam es schließlich fast tonlos, plötzlich war ich heiser.
„Doch, du kannst.“
Irgendwann würgte ich hervor: „Ich wünsche mir einfach nur, dass er nicht da ist, dass es ihn nicht gibt.“
„Sag es zu ihm.“
„Ich wünschte, es gäbe dich nicht. Ich wünschte, du wärst tot!“

Ich schluchzte laut. Ich schluchzte, weil mich dieses Gefühl jetzt, wo ich es zuließ, fast aufzufressen drohte. Er tat so weh, dieser Hass. Ein Hass, der sich einzig und allein darauf gründete, dass es Franz gab und dass er geliebt wurde, mit einer Liebe, die in meinen Augen mir zustand.

Er hatte mir nie die geringste Rechtfertigung für meine Abneigung geliefert. Andere Geschwister streiten, raufen und verpetzen sich, nehmen sich gegenseitig die Spielsachen weg. Das war bei uns anders gewesen, der Altersunterschied war zu groß. Ich erinnere mich nicht einmal daran, dass er mich mit Worten verletzt hätte, oder dass ich auf etwas hätte verzichten müssen, um auf ihn aufzupassen.
Es hatte nichts Derartiges gegeben und ich schämte mich so für meine Gefühle, auch deswegen weinte ich immer noch. Ich schämte mich weniger vor Margit als vor mir selbst. Ich wollte nicht die sein, die so etwas fühlte.

Jahrelang hatte ich mich immer gewunden, wenn mich jemand fragte, was ich zu meinem Bruder für ein Verhältnis hätte. Ich sagte so Dinge wie: „Ich weiß nicht, es ist ein bisschen komisch. Eine geschwisterliche Beziehung haben wir eigentlich nicht, wir sind ja nicht zusammen

aufgewachsen."
Wenn mir Menschen begegneten, die sich, wenn sie hörten, dass ich einen so jungen Bruder hatte, zu Bemerkungen hinreißen ließen wie: „Oh mein Gott ist das schön! Das muss sich für dich so anfühlen, als wäre er dein eigenes Kind!", verübelte ich ihnen ihr mangelndes Einfühlungsvermögen grenzenlos. Für gewöhnlich antwortete ich in so einem Fall knapp in der Art „nun, das gerade nicht" und wandte mich schnellstmöglich ab.
Für mich selbst vermied ich es einfach, über das leidige Thema nachzudenken. Nie hätte ich es mir eingestanden, dass ich so ein schäbiges Gefühl in mir trug. Ich doch nicht. Früher nicht und jetzt erst recht nicht, schließlich war ich spirituell.

Plötzlich machte es klick und ich verstand noch etwas ganz anderes. Ich musste aufhören zu weinen, um es verdauen zu können.
Ich hatte überhaupt nie Franz gehasst, er war nur mein Spiegel. Ich hasste mich selbst. Ich hasste den Teil in mir, der sich so ungeliebt und einsam fühlte und der so unendlich klein und schäbig war, dass er sich herabließ, ein Kind zu verabscheuen, einfach nur dafür, dass es da war. Während ich diese neue Erkenntnis verarbeitete, lösten sich meine nagende Selbstverachtung und die damit verbundene Ablehnung meinem Bruder gegenüber binnen Minuten ganz von selbst auf. Erleichterung machte sich breit.
Es war das passiert, was ich meinen Klienten immer wieder sagte. Es reicht schon, ein Gefühl zuzulassen und anzunehmen, um es zu erlösen. Endlich würde ich damit aufhören können, mich selbst zu hassen und diesen Hass auf meinen Bruder zu projizieren. Und endlich würde ich die ganze Energie, die es mich gekostet hatte, diese Emotionen zu verdrängen für etwas anderes verwenden können.

Ich stand von der Liege auf. Margit musste mich nicht mehr behandeln, es hatte vollauf gereicht, dass sie mich mit meiner Blockade konfrontiert hatte. Jetzt wollte ich nur noch an die frische Luft und ein wenig alleine sein. Ein bisschen böse war ich nämlich trotzdem noch auf mich, auch darüber, dass ich die Zusammenhänge nicht schon längst selbst erkannt

hatte. Schließlich predigte ich ja immer, dass es auf dem spirituellen Weg nicht darum ging, die dunkle Seite in der Welt und in uns selbst zu bekämpfen, sondern in Frieden anzunehmen.
Solange wir in der Dualität leben, hat das Dunkle seine Berechtigung, sonst gäbe es auch kein Licht. Erst wenn wir es gemeinsam geschafft haben, die Pole durch unsere Akzeptanz aufzuheben, werden andere Regeln gelten. Doch solange dies nicht der Fall war, musste auch ich damit leben nicht perfekt zu sein und dazu gehörte wohl auch, dass ich manchmal etwas Wichtiges übersah.

Ich möchte die Gelegenheit nicht versäumen, mich an dieser Stelle bei meinem Bruder öffentlich zu entschuldigen. Franz, ich hoffe, du verzeihst. Ich liebe dich und danke dir für das, was du mir gezeigt hast.

In einer anderen Sitzung deckten wir etwas auf, das wirklich völlig unerwartet für mich war. Mal wieder wollte ich an dem Problem arbeiten, dass ich mich immer noch ein wenig blockiert bei meiner Arbeit fühlte. Zwar lief meine Praxis im Vergleich zu Kollegen recht gut, doch ich fühlte mich nicht ausgelastet. Ich wollte einfach mehr tun, weil ich so viel Kraft übrig hatte, mit der ich nichts anfangen konnte. Es kam mir vor, als stünde eine unsichtbare Energie zwischen mir und dem Erfolg, den ich mir wünschte.
Obwohl ich schon so oft von Margit behandelt worden war und wir auch dieses Thema bereits aufgegriffen hatten, war ich ungewöhnlich nervös. Nach der Festlegung meines Zielsatzes sollte ich mich auf ein Symbol setzen, das meine Freundin auf den Boden legte, und ein Mantra wiederholen. Es dauerte nicht lange, da konnte ich plötzlich Gefühle wahrnehmen, die nicht meine eigenen waren. Erstaunlicherweise wusste ich auch sofort zu wem sie gehörten. Ohne dass es von mir oder Margit in irgendeiner Weise beabsichtigt gewesen wäre, war ich in Kontakt mit der Seele meiner Großmutter väterlicherseits getreten. Eine Frau, die ich nie kennengelernt hatte, weil sie drei Jahre vor meiner Geburt gestorben war. Mit nur 40 Jahren erlag sie einer Krebserkrankung, gegen die sie fast zehn Jahre lang gekämpft hatte und hinterließ meinen 14 jährigen Vater. Das war alles, was auch mein

Verstand über sie wusste.
Doch jetzt konnte ich ihre Energie fühlen und hatte plötzlich den Eindruck, sie sehr gut zu kennen. Ich konnte mich auf gewisse Art und Weise völlig problemlos mit ihr austauschen. Ich nahm ihre Gefühle wahr und es war klar, dass es umgekehrt genauso war. Sie war verbittert und hielt nach mehr als dreißig Jahren immer noch an ihrem alten Leben fest. Es machte mich traurig, dass es ihr so ging.

Plötzlich sagte Margit etwas: „Sie hat einen Seelenanteil von dir bei sich. Einen Teil, der in dein Wurzelchakra gehört.“
Mein Unterleib gab ihr augenblicklich recht, doch meine Großmutter reagierte nicht. Für sie schien das keine neue Information zu sein und sie hatte auch kein schlechtes Gewissen deswegen.
Ich wusste genug über Chakren, um sofort nachvollziehen zu können, dass dies mit der Lebensfreude zusammenhing, die ich noch vermisste und im gleichen Moment stellte sich eine unglaubliche Wut in mir ein. Wie konnte sie nur?
Ich hatte das Bedürfnis, sie zu beschimpfen, fand aber keine Worte und richtete nur meinen ganzen Zorn gegen sie.
Ich kam nicht weit, schon löste er sich wieder auf. Die Informationen, die ich erhielt, folgten sehr schnell aufeinander. Ich hatte ihr mein Einverständnis erteilt, mehr noch - es war unser beider Idee gewesen. Natürlich.
Keiner Seele konnte etwas zustoßen, worin sie nicht eingewilligt hatte, das wusste ich. Aber ich konnte mich tatsächlich auch erinnern. Ich war ein wenig unentschlossen gewesen, hatte Angst vor den neuen Aufgaben. Und sie fürchtete sich davor, die Verbindung zur Erde und zu meinem Vater zu verlieren. Mit unserer Übereinkunft konnte sie sich ein wenig hier und ich mich ein wenig auf der anderen Seite verankern.
Doch jetzt wollte ich meinen Seelenanteil zurück und sie wollte ihn nicht mehr haben, also gab sie ihn mir. Es war keine große Sache. Ich konnte kaum glauben, wie wenig ich mich mit ihr trotz allem verbunden fühlte. Unsere Vereinbarung war so pragmatisch und meine Großmutter wirkte so kalt, eigentlich stieß sie mich ab.
Zudem lag immer noch etwas Unausgesprochenes in der Luft. Ich

merkte, dass sie nicht wollte, dass ich Heilerin bin und als ich mich gedanklich damit befasste empfing ich ihre Haltung.
„Mir hat auch keiner geholfen."
Wieder war die eigentliche Information knapp und prägnant, doch es steckte so viel dahinter. Verzweiflung und Verbitterung darüber, dass es keinen noch so kleinen Ausweg aus ihrer Situation gegeben hatte und keine Hilfe und kein Verständnis von ihrer Umgebung. Aber auch Trotz und Eifersucht, weil ich jetzt irgendwelchen Menschen, die beileibe nicht so kämpften wie sie, mit so seltsamen Methoden half.
Ich übermittelte ihr, wie wichtig es mir war, das zu tun. Es ging hier allein um mich. Ich wollte das tun und ich würde es tun, auch wenn es ihr nicht gefiel. Ich würde mich aber freuen, wenn sie es verstehen könnte.
Verstehen konnte sie es nicht, aber sie wollte es versuchen. Und sie würde sich nicht einmischen.
Das genügte mir. Ich wollte das Gespräch beenden und auch sie hatte nichts mehr zu sagen. Es gab wieder eine Menge für mich zu verarbeiten.

Durch meine aufregenden Erzählungen neugierig gemacht, entschloss sich schließlich sogar mein Mann dazu, einen Termin bei Margit zu vereinbaren. Er wollte mit ihr daran arbeiten, dass er sich ständig ruhelos und getrieben fühlte, was dazu geführt hatte, dass sein Arbeitspensum im Laufe der Zeit auf durchschnittlich 80 Stunden pro Woche gestiegen war. Auch in seiner Freizeit fand er keine Ruhe. Wenn er nicht schlief, las er seine Mails, telefonierte oder räumte in Haus und Garten herum. Er brauchte die ständige Beschäftigung und die Anerkennung für seine Leistungen, doch sein Verhalten wirkte sich langsam deutlich auf sein körperliches Wohlbefinden und die Qualität unserer Beziehung aus.
Christof selbst führte seine Getriebenheit darauf zurück, dass er durch die Rückgabe seines Erbes den enormen finanziellen Rückhalt verloren hatte, mit dem er aufgewachsen war. Früher hatte er gewusst, dass er sich niemals Sorgen um Geld würde machen müssen, selbst dann, wenn er keine Arbeit hatte. Jetzt hatte er zwar einen hervorragenden Job,

aber die Angst, ihn verlieren zu können, belastete ihn.
Wir redeten oft über das Thema und ich versuchte ihm klar zu machen, dass innere Ruhe und ein gesunder Selbstwert unabhängig waren von äußeren Bedingungen wie Geld. Er selbst war das Paradebeispiel dafür. Während sich sein Gehalt seit dem Anfang unserer Ehe circa verdreifacht hatte, konnte man in etwa das Gleiche über seine Unruhe sagen. Sie wurde immer schlimmer statt besser.
Ich war mittlerweile mehr als negativ seinem Arbeitsplatz gegenüber eingestellt. Nachdem ich die Situation zwar nicht völlig unbeteiligt aber doch neutraler sah, erkannte ich deutlich, dass das Universum nicht nur mit einem Zaunpfahl winkte. Es war angeraten, nach Alternativen zu suchen.

Schon zum dritten Mal war es meinem Mann passiert, dass man ihm aus konzernpolitischen Gründen aus dem Ausland einen Chef vor die Nase gesetzt hatte, der nicht über die notwendigen Kompetenzen verfügte, so dass Christof dessen Arbeit machen musste. Lorbeeren und Chefgehalt heimste jedoch der andere ein. Hinzu kamen noch etliche andere vermeintliche Ungerechtigkeiten, die für mich nichts anderes als Zeichen waren. Christofs Zeit in dieser Firma war offensichtlich abgelaufen, doch er wagte es nicht zu kündigen.
Immer wieder nahm er sich vor sich umzusehen und dann den Dienst zu quittieren, wenn er etwas Neues gefunden hatte. Natürlich klappte das nicht.
Auch wenn er bei seinen körperlichen Beschwerden sehr gut auf meine Behandlungen ansprach, bei diesem Thema kamen wir alleine nicht weiter.

Grundsätzlich kann es für einen Heiler schwierig sein, ihm nahestehende Personen zu behandeln, weil es ihm dann umso schwerer fällt, komplett beiseite zu lassen, was er sich selbst für den geliebten Menschen wünscht.

So machte sich Christof also auf zu meiner Freundin, von der er schon so viel gehört hatte, weil ich ihm jede meiner Sitzungen bis ins Detail erörtert hatte. Leider revanchierte er sich hierfür nicht. Ich denke, er war in etwa fünfmal bei Margit, doch von dem, was er dort erlebte, hat er mir so gut wie gar nichts erzählt. Dafür profitiere ich immer noch erheblich von den Entwicklungen, die nach diesen Terminen in Gang gekommen sind.

Plötzlich tauchte Christofs Halbbruder in unserem Leben auf. Er lebte in Stuttgart und die beiden hatten bisher nur sehr selten telefonischen Kontakt gehabt. Doch jetzt hatte Georg in Wien zu tun und verabredete sich mit Christof zu einem gemeinsamen Abendessen. Als mein Mann in dieser Nacht nach Hause kam, sagte er zu mir: „Ich glaube, ich werde mich mit Georg selbständig machen."
Georg hatte in München maßgeblichen Anteil am Aufbau eines relativ neuartigen Finanzdienstleistungsunternehmens gehabt. Die Firma hatte sehr schnell expandiert und war schließlich sogar an die Börse gegangen. Vor kurzem hatte er jedoch seinen Job verloren und wollte sich nun selbständig machen.
Seine Idee war es, noch einmal die gleiche Art von Unternehmen in Österreich aufzubauen, wozu er jemand mit Christofs Kontakten und Fähigkeiten sehr gut als Partner brauchen konnte. Mein Mann war Feuer und Flamme. Er war begeistert von der Dynamik seines Bruders und von dessen Idee, die Firma mit Hilfe von Kapitalgebern gleich mit mehreren Dutzend Mitarbeitern an den Start zu bringen. Er witterte das große Geld und freute sich, dass er mit seinem Bruder jemanden an seiner Seite hatte, der scheinbar mit ihm mithalten konnte. In seinem alten Konzern war er es gewohnt, das alleinige Zugpferd zu sein, weil keiner seinen Überblick hatte.

Es ging dann alles sehr schnell. Christof rechnete nach seiner Kündigung zwar mit einer sofortigen Freistellung, aber er konnte sich dessen nicht sicher sein. Wenn er die dreimonatige Kündigungsfrist würde abarbeiten müssen, galt es, keine Zeit zu verlieren, also brachte er es schnellstmöglich hinter sich. Es kam dann auch tatsächlich so, dass er bis zum Vertragsende in seiner alten Firma bleiben musste und „nebenbei" bereits mit seinem Bruder an der Neugründung tüftelte. Abgesehen davon, dass er nun überhaupt keine Freizeit mehr hatte und

auch noch häufig zwischen Wien und Stuttgart pendeln musste, sah in den ersten Wochen alles ganz gut aus.
Dann tauchten plötzlich die ersten Schwierigkeiten auf. Während Christof Tag und Nacht arbeitete, fuhr Georg schon zum zweiten Mal binnen weniger Wochen auf Urlaub, meldete sich nur einmal am Tag zu einer Internetkonferenz. Außerdem stellte es sich als sehr schwierig heraus, einen Kapitalgeber aufzutreiben. Soviel Interessenten es zunächst gegeben hatte, mit der Zeit sprangen sie alle ab. Auch zwischen den beiden Brüdern gab es die ersten Reibereien. Je mehr Zeit verging, umso deutlicher kristallisierte sich heraus, dass es schon wieder Christof war, der den Karren zog. Zudem schien Georg immer öfter nicht ganz ehrlich zu sein.

Ich war von Anfang an skeptisch gewesen gegenüber dem neuen Unternehmen. Mir gefiel die Sache mit den Kapitalgebern nicht. Ich hätte es lieber gesehen, die beiden hätten, ihren Verhältnissen entsprechend, erst mal klein angefangen. Außerdem saß mir die schlechte Erfahrung mit Christofs Familie noch in den Knochen. Georg war mir gegenüber zwar freundlich, aber ich misstraute ihm. Seine nette Art wirkte nicht authentisch. Trotzdem wollte ich mich nicht einmischen und übte mich in Vertrauen. Es würde schon so kommen, wie es für alle Beteiligten das Beste war.

Doch es wurde immer schlimmer. Christof bereute es bereits, seinen Arbeitsplatz so schnell aufgegeben zu haben und sagte immer wieder, dass er überhaupt nicht verstehen könnte, was uns das Universum damit sagen wollte, dass am Anfang alle Zeichen für die Partnerschaft mit Georg gesprochen hatten und nun plötzlich alles dagegen sprach. Trotzdem konnte er jetzt nicht aufgeben. Er hatte keinen Job mehr und wollte die Sache in jedem Fall probieren. Ehrlichgesagt hatte ich schon ein bisschen Angst, dass er dabei war, sich, oder besser gesagt uns, ins Unglück zu stürzen.
Aber ich hatte einen großen Trost: Es gab noch immer keinen Kapitalgeber und ohne Kapital würde es keine Firma geben.

Am Ende stellte sich heraus, dass meine Furcht völlig umsonst gewesen

war. Plötzlich kam es zum Zusammenbruch einiger amerikanischer Geldinstitute und eine weltweite Wirtschafts- und Finanzkrise begann, was für den Start eines Finanzdienstleistungsunternehmens eine denkbar ungünstige Voraussetzung ist. Zu guter Letzt meldete sich noch der Immobilienmakler und teilte uns mit, dass das vermeintlich zukünftige Büro, trotz seiner festen Zusage, nun doch nicht mehr zu haben wäre.
Jetzt war es auch Christof klar. Diese Firma sollte nicht gegründet werden.

Was sollte er jetzt tun? Er war wirklich verzweifelt. In voller Härte wurde er nun mit seinem Hauptkonfliktpunkt konfrontiert. Es war genau das eingetreten, vor dem er sich am meisten gefürchtet hatte: Er hatte keinen Job mehr.

Soweit ich mich erinnern kann, gab er sich zwei Tage seinen Depressionen hin, dann setzten wir uns zusammen und überlegten, was wir tun könnten. Christof wollte sich nach einer neuen Anstellung umsehen und, weil er nichts zu verlieren hatte, sich als selbständiger Unternehmensberater versuchen. Binnen weniger Stunden überlegten wir genau, was er anbieten konnte und entwarfen ein Firmenkonzept. Danach machten wir uns daran, eine Website zu entwerfen. Einen Webdesigner wollten wir lieber nicht beauftragen, zwar hatten wir noch etwas Geld auf der hohen Kante, aber wir wussten nicht, wie lange wir damit auskommen mussten. Die Homepage, die das Ergebnis unserer Bemühungen war, war so schön, dass wir sofort auch für meine Praxis eine neue gestalteten, die uns genau so fantastisch gelang. Wir waren ein tolles Team. Nun musste Christof sein Gewerbe nur noch anmelden und eine Rundmail an alle seine Kontakte senden.

Wir wissen jetzt, warum erst alle Zeichen für und dann gegen die Firma mit Georg gestanden waren. Christof brauchte Hilfe für seine Kündigung. Er hätte es nie gewagt, den Konzern zu verlassen und ein Einmannunternehmen zu gründen.

Die nespico - Unternehmensberatung gibt es jetzt etwas mehr als ein

halbes Jahr und sie ist unglaublich gut angelaufen. Wenn alles so weitergeht - und warum sollte es das nicht? - dann haben wir mehr Geld als zuvor und mindestens dreimal so viel gemeinsame Freizeit.
Auch einen Teil seiner Arbeitszeit verbringt Christof zu Hause, so dass wir fast täglich gemeinsam essen können und seit der Gründung waren wir schon zweimal auf Urlaub. Mein Mann ist so entspannt wie nie zuvor, nur ganz selten bekommt er noch einen Anflug von Zukunftsangst. Wir witzeln dann darüber, ganz nach dem Motto: „Oh, es ist mal wieder so weit. Gut, fürchten wir uns zwei Tage, aber vorher gehen wir noch ordentlich einkaufen", und so ist die Krise ganz schnell wieder überwunden.

Für mich ist damit einer meiner letzten großen Wünsche wahr geworden, wir haben jetzt eine richtig tolle Beziehung. Allerdings habe auch ich meinen Teil dazu beigetragen, ich musste meine Einsamkeit zuerst akzeptieren bevor sie mich verlassen konnte.

Ich bin Margit sehr, sehr dankbar für ihren wertvollen Beitrag dazu, dass sich die Dinge für mich, für Christof und für uns beide so positiv entwickelt haben. Es ist mir sehr wichtig, dies hier besonders zu erwähnen, weil ich das Gefühl habe, dass ich manchmal nach unserer Arbeit so niedergeschmettert war von den Erkenntnissen, dass ich mich gar nicht richtig bedankt habe.

Obwohl unsere gemeinsame Ursachenforschung für mich so wichtig war, bin ich nicht der Meinung, dass dies für jeden so sein muss. In der Arbeit mit meinen Klienten gehe ich immer vom bestehenden Problem aus und befasse mich nur mit dessen Auslöser, wenn ich ihn von meiner geistigen Führung präsentiert bekomme. Von alleine begebe ich mich nicht auf die Suche, weil ich es nicht für grundsätzlich nötig halte. Für mich ist es nur einer von vielen möglichen Wegen, ein Problem zu lösen und man sollte sich dessen bewusst sein, dass auch jede Ursache eine Ursache hat. Wie lange müsste ich suchen, wenn ich alles finden wollte? Ich fühle mich mit meiner Arbeit am wohlsten, wenn sie völlig frei von Strukturen ist und ich mich einfach treiben lasse. Das ist es auch, was ich jedem Kunden raten würde, sich einfach auf das Gefühl zu verlassen.

Das zu tun, worauf man Lust hat, vielleicht gemeinsam mit einem Therapeuten, demjenigen, zu dem man sich am meisten hingezogen fühlt.

Ich habe mich jedenfalls zu Margit hingezogen gefühlt. Jede Sitzung mit ihr war ein echtes Erlebnis. Nie hätte ich gedacht, wie vielschichtig die Gründe für Blockaden sein können und dies hat mich nicht nur persönlich vorangebracht, auch beim Heilen bin ich offener geworden. Nach wie vor pflegen wir drei- bis viermal im Jahr unsere vormittäglichen Treffen, die immer noch spannend und fruchtbar sind. Auffallend oft ist das, was wir uns zu erzählen haben, recht ähnlich. Wir scheinen uns parallel zu entwickeln. Das was uns auf unserem Weg begegnet, ist alles andere als alltäglich und ich empfinde es als ganz besonderes Glück, in Margit jemanden zu haben, der meine ungewöhnlichen Geschichten nicht nur versteht, sondern manchmal sogar selbst genau so erlebt hat. Es ist unglaublich bereichernd, sie an meiner Seite zu wissen.

Entgiftung

Ich hatte schon mehrere Jahre intensiver Bewusstseinsarbeit hinter mir, als ich endlich so weit war, mir einzugestehen, dass ich meinen Körper vernachlässigte. Das Thema Entgiftung war mir schon länger richtiggehend nachgelaufen, immer wieder lernte ich Kollegen kennen, die mir vorschwärmten wie herrlich es sei, sich innerlich zu reinigen. Doch ich wollte davon nichts wissen und war auch nicht um zahlreiche Ausreden verlegen. Es war mir bekannt, dass eine solche Kur Nebenwirkungen haben konnte und jetzt, wo es mir nach so vielen Jahren endlich wieder recht gut ging, würde ich einen Teufel tun und irgendwelche Symptome heraufbeschwören.
Außerdem stand für mich außer Frage, dass der Körper hierarchisch unter Geist und Seele angesiedelt ist und es somit ja reichen müsste, meinen Geist zu heilen.
Dieser Meinung bin ich durchaus auch heute noch, nur ist es der wesentlich leichtere und schnellere Weg, auf mehr als einer Ebene anzusetzen. Körper, Geist und Seele sind untrennbar verbunden und unterstützen sich gegenseitig. Der kluge Satz „wie innen, so außen“, bedeutet nicht nur, dass das eine das andere spiegelt, sondern auch, dass das eine das andere beeinflussen kann. Zweifelsohne kann ich meinen Körper heilen, wenn ich meine Einstellung ändere, doch wenn mir dies nicht oder nur zum Teil gelingt, ist es keine schlechte Idee, es mal andersherum zu probieren.

Da mir die begeisterten Ausführungen meiner Freunde nicht reichten, um die Lektion lernen zu wollen, brauchte ich mal wieder ein bisschen Druck. Es belastete mich zunehmend, dass ich immer noch leichte Herzrhythmusstörungen hatte. Nachdem sie nach der Geburt meines Bruders zum ersten Mal aufgetreten waren und ich mit diesem Thema nun völlig in Frieden war, konnte ich mir das nicht erklären. Außerdem litt ich unter Schmerzen des Bewegungsapparates, vor allem im Rücken und in den Beinen. Schon seit vielen Jahren wurde ich beim Gehen und Stehen sehr schnell müde, was mir lange Zeit kaum aufgefallen war,

doch jetzt, wo es mir insgesamt viel besser ging, rückte es in den Vordergrund.
Hinzu kam noch, dass ich mit den Ergebnissen meiner Heilarbeit nicht hundertprozentig zufrieden war. Immer öfter hatte ich das Gefühl, bei manchen Klienten nach ein paar Sitzungen anzustehen. Genau wie ich es bei mir selbst erfahren hatte, ging es vielen zunächst sehr schnell sehr viel besser, doch ein Rest der Beschwerden verblieb und erwies sich als äußerst hartnäckig. Irgendetwas fehlte noch, das wusste ich. Aber ich konnte noch nicht erkennen, was es war und das frustrierte mich.

Wie schon so oft zuvor auf meinem Weg war es wieder da, dieses Gefühl, total auf der Stelle zu treten und überhaupt nichts mehr zu wissen. Gerade noch war alles gut. Ich war geführt und alles machte Sinn, aber plötzlich konnte ich mich kaum noch daran erinnern, wie sich das angefühlt hatte. „Hatte ich mir alles nur eingebildet? War ich wirklich so blöd gewesen zu glauben, ich könnte mich selbst heilen und dann auch noch die anderen? War ich irre?! Ich war nichts als eine Null und ich würde immer eine sein. Den ganzen Aufwand um diesen Hokuspokus hätte ich mir sparen können." Endlos drehten sich in solchen Phasen derartige Gedanken in meinem Kopf.

Doch immer, wenn man glaubt, der Vorhang hätte sich plötzlich wieder gesenkt, ist er nur kurz davor, sich so weit zu heben, wie noch nie. Vor jeder Phase der Neuorientierung kommt eine Phase der Leere.

Mittlerweile weiß ich das. Ich weiß auch, dass diese Frustration mich immer seltener heimsucht und ich immer schneller den Notausgang finde, doch wenn ich gerade bis zum Hals darin versunken bin, ist es einfach nicht angenehm.
Erstaunlicherweise vergesse ich auch tatsächlich jedes Mal, dass ich erst dann heraus komme, wenn ich aufhöre, dagegen anzukämpfen. Irgendwann fällt es mir dann wieder ein. Ich höre auf, mich selbst zu bemitleiden, mache einfach das, was mir Spaß macht und plötzlich ist sie wieder da, die Führung.

So war es auch in diesem Fall. Ich schnappte irgendwo einen Satz auf, der mir schwer zu denken gab. Er lautete: „Wenn etwas voll ist, kann man nichts hinein geben."
Erst verstand ich gar nicht, warum er mich so fesselte und immer wieder in meinen Gedanken auftauchte, doch nach und nach sickerte die Botschaft in mein Bewusstsein. Eigentlich war es mal wieder ganz einfach. Wenn ein System vollgestopft ist mit altem Gerümpel, kann es nichts mehr aufnehmen, nicht einmal mehr Energie. Wenn zuerst ausgemistet wird, muss das zugeführte Heilmittel viel besser zur Wirkung kommen können.
Noch war ich mir allerdings nicht ganz sicher, ob es so leicht möglich war, die Ebenen zu vermischen. Schließlich war das Mittel, das ich verabreichte, ein geistiges und die Entgiftung griff am Körper an. Ich war noch ein wenig skeptisch, doch das Universum verhalf mir sogleich auf die Sprünge, indem es mir eine Einladung zu einem Vortrag über Entschlackung und Darmreinigung schickte. Gemeinsam mit ein paar Freundinnen aus meiner Geistheilungsausbildung und meiner Mutter ging ich hin.
Die Vortragende war dermaßen kompetent, authentisch und sympathisch, dass sie uns alle restlos in ihren Bann zog. In ihrer bodenständigen Art ergänzte sie den Stoff durch zahllose lustige Fallberichte von ihren Kunden und schilderte uns völlig ungeniert ihre eigenen Einlauf-Erfahrungen. Wir hatten einen sowohl sehr lehrreichen als auch heiteren Abend und was jeder von uns mit nach Hause nahm, war einerseits ein eigenes Darmreinigungspaket inklusive Einlaufset und andererseits das sichere Gefühl, dass es die natürlichste und einfachste Sache der Welt war, seinen Körper auch ab und zu von innen zu reinigen.

Meine Angst vor Nebenwirkungen war jetzt wie weggeblasen, hatte ich doch beim Vortrag gelernt, dass diese in erster Linie dann auftreten, wenn man mit einer Methode entgiftet, die hauptsächlich die Mobilisation der Schlackenstoffe aus dem Gewebe bewirkt, aber deren Ausscheidung vernachlässigt. So ist es zum Beispiel ungünstig, nur zu fasten und zu sporteln ohne gezielte Maßnahmen zu ergreifen, damit

die gelösten Stoffe den Körper auch verlassen können.
An dieser Stelle sollte ich vielleicht kurz erklären, was Verschlackung bzw. Entgiftung überhaupt bedeutet.

Der pH-Wert des Blutes liegt im leicht basischen Bereich und muss unbedingt aufrecht erhalten werden. Der zivilisierte Mensch, vor allem wenn er in der westlichen Welt zu Hause ist, nimmt mit Nahrung und Getränken jedoch übermäßig viele Säurebildner zu sich. Die stärksten und bekanntesten von ihnen sind Zucker, weiße Mehle, tierisches Eiweiß und Kaffee. Bei Stress, Angst, Ärger und anderen negativen Emotionen kommt es auch im Körper selbst zu Säurebildung. So hat der Organismus alle Hände voll zu tun, den Blut-pH-Wert basisch zu halten. Jedes Säuremolekül wird durch Anbindung eines Minerals, das in der Regel einem der Depots wie Zähne oder Knochen entnommen wird, in ein Salz verwandelt und somit unschädlich gemacht.
Die gebildeten Salze können dann aber nur zum Teil ausgeschieden werden. Was zurückbleibt, wird im Bindegewebe abgelagert und dort im allgemeinen Sprachgebrauch als Schlacken bezeichnet. Nachdem 85 % unserer Körperzellen Bindegewebszellen und diese zudem recht dehnbar sind, ist dort zunächst ja auch ausreichend Platz vorhanden, doch über kurz oder lang kommt es zu Problemen. Die Mineralien, die für das Unschädlichmachen der Säuren gebraucht wurden, fehlen an anderer Stelle, während andere lebenswichtige Stoffe, wie zum Beispiel der Sauerstoff, oft ihr Ziel nicht mehr erreichen, weil ihnen der Weg durch das verschlackte Gewebe verbaut ist.

Für mich kommt allerdings zusätzlich noch der energetische Aspekt zum Tragen. Der Japaner Dr. Masaru Emoto[5] hat mit seinen beeindruckenden Forschungen bewiesen, dass Wasser jegliche Art von Information aufnimmt und speichert. Indem er zum Beispiel gefüllte Trinkgläser beschriftete oder mit verschiedenen Arten von Musik beschallte, setzte er das Wasser bestimmten Einflüssen aus. Anschließend fror er es ein, fotografierte die entstandenen Kristalle mit Hilfe eines Elektronenmikroskops und stellte fest, dass sich die

[5] Vgl. Masaru Emoto: „Die Botschaft des Wassers“

auskristallisierten Moleküle deutlich unterschieden. Je nachdem, ob sie zuvor Mozart oder Heavy Metal „gehört" hatten, war ihre Struktur entsprechend harmonisch oder eben nicht.

Nachdem wir zu einem sehr großen Prozentsatz aus Wasser bestehen, hat Emotos Arbeit den theoretischen Beweis geliefert, dass unsere Gefühle und Gedanken unseren Körper beeinflussen. Ich gehe noch weiter und sage, er beweist außerdem, dass wir durch die Verschlackung unseres Körpers nicht nur irgendwelche Stoffe einlagern, sondern mit ihnen verbunden auch die Information der Zeit, in der das Einlagern passierte.

Die Ablagerung von Abfallstoffen findet laufend statt, aber ich denke, dass sie sich sogar noch verstärkt, wenn ein Mensch eine Krise durchleidet, weil er sich in einer solchen Phase energetisch verschließt, um sich zu schützen. Die Auswirkung auf die physische Ebene zeigt sich oft schon rein äußerlich an der Körperhaltung.
Wenn dem so ist, wäre die Folge, dass in einem Körper mehr Schlacken, inklusive der damit verbundenen energetischen Information, aus schlechten als aus guten Zeiten abgelagert sind. Ist es da nicht sehr leicht vorstellbar, dass körperliche Entgiftung auch Geist und Seele befreit, weil durch den Abtransport der Stoffe auch die gespeicherte Energie verschwindet?
Ich glaube schon, weise Sie aber explizit darauf hin, dass es sich hierbei um eine persönliche Überzeugung handelt, die nur in Elementen wissenschaftlich gestützt ist. Entscheiden Sie selbst, ob Sie ihnen plausibel erscheint.

Ich jedenfalls habe meine Annahme dem Praxistest unterzogen, zunächst im Eigenversuch. Mit basischem Baden fing ich an. Es funktioniert so, dass man Basensalz in das Badewasser gibt, also praktisch in einer Base schwimmt und durch das Konzentrationsgefälle zwischen Körper und Wasser automatisch die Säuren aus dem Gewebe in das Bad gezogen werden. Je länger man in der Wanne bleibt, umso tiefere Schichten werden entsäuert. Bereits unmittelbar nach dem Heraussteigen verspürt man die entspannende und erfrischende

Wirkung dieser Prozedur.
Etwa zwei Wochen später wagte ich mich dann an meinen ersten Einlauf. Ich verabredete mich dazu mit meiner Freundin Esther, die es mir zur gleichen Zeit in ihrer Wohnung gleichtat. Über SMS blieben wir in Kontakt und informierten uns gegenseitig über den aktuellen Stand. Das war ziemlich lustig, aber insgesamt dann doch recht unspektakulär. Als mein Mann an diesem Abend nach Hause kam, sagte er zu mir „du siehst heute so glücklich aus “, und er hatte recht.
Wenn sie noch nicht in diesen Genuss gekommen sind, können sie sich nicht vorstellen, wie angenehm es sich anfühlt. Nach dem ersten Einlauf ist man definitiv nicht mehr der gleiche Mensch wie zuvor. Man hat ein völlig anderes Körpergefühl und das Selbstbewusstsein steigt enorm. Es kostet schon ein wenig Überwindung, sich auf diese Art und Weise mit seiner Rückseite auseinander zu setzen, doch wenn man es geschafft hat, den inneren Schweinehund zum Schweigen zu bringen kann man zu Recht stolz auf sich sein.

Um den gesamten Dickdarm einmal gründlich durch zu reinigen, sollte man zwischen zwei und drei Wochen lang täglich einen Einlauf machen. Doch verlassen sie sich ganz auf Ihr Gefühl, Ihr Körper wird ihnen sagen, was er braucht. Man benötigt dazu einen Irrigator mit einem circa 30 cm langen Darmschlauch, damit das Wasser auch wirklich in den Dickdarm und nicht nur in den Mastdarm gelangt. Wenn der Liter dann im Bauch ist, sollte man möglichst lange liegen bleiben und sich kräftig den Bauch massieren, damit sich so viel alter Dreck wie möglich löst.

Nach meiner Darmreinigungskur habe ich noch einige Monate mehrmals wöchentlich basische Vollbäder genommen, bevor ich schließlich dazu übergegangen bin, einmal in der Woche ausgiebig zu baden. Gelegentlich nehme ich zwischendurch auch ein zusätzliches Fußbad. Meine körperlichen Symptome sind dadurch allesamt restlos verschwunden und zwar nicht nur die, die mich belastet hatten, sondern auch die, die ich schon als normal angesehen hatte. Zum Beispiel, dass ich einfach oft müde war, gelegentlich Kopfschmerzen hatte und ständig fror.

Mein Körper wurde wieder richtig schön, ich nahm ab, die Cellulite verschwand und die Haut wurde weich.
Das schönste Geschenk aber war für mich eine nie gekannte Bewegungsfreude. Schon vor der Entschlackung war ich zwei Stunden täglich mit meinem Hund draußen unterwegs gewesen, doch das reicht mir jetzt längst nicht mehr. Ich laufe und springe bei meinen Spaziergängen durch die Weinberge, die Gott sei Dank recht verlassen sind, so dass mich dabei selten jemand sieht. Außerdem mache ich Yogaübungen, erledige meine Einkäufe mit dem Fahrrad statt mit dem Auto und arbeite viel öfter als früher mit meinen Pferden.
All das mache ich nicht, weil ich ehrgeizig oder eitel bin, sondern weil ich gar nicht anders kann. Wenn ich länger an meinem Schreibtisch gesessen bin, muss ich mich einfach bewegen. Dieses Gefühl kenne ich nicht einmal aus meiner Kindheit, weil ich wie gesagt ein sehr schwaches Kind war und man sagen muss, dass nicht selten auch Kinder bereits stark übersäuert sind.

Was die geistig-seelische Ebene anbelangt, habe ich seither einfach den Eindruck, wesentlich schneller voran zu schreiten als früher. Es kommt einfach nicht mehr vor, dass ich wochenlang an demselben Problem herum kaue.
Wenn ich wirklich mal wieder in einer derartigen Frustration hänge, wie ich sie am Anfang dieses Kapitels beschrieben habe, weil ich für etwas, das mich beschäftigt, keine Lösung finde und es auch nicht einfach beiseite legen kann, dann mache ich mir einen Einlauf.
Das Loslassen, das mein Geist nicht schafft, wird auf die körperliche Ebene verlagert und schon funktioniert es. Nachher ist immer alles ganz anders. Entweder kann ich plötzlich klar eine Lösung für mein Problem erkennen oder es belastet mich überhaupt nicht mehr und ich frage mich, worüber ich mich eigentlich gerade eben noch aufgeregt habe.

Außerdem leite ich natürlich immer dann verstärkte Entgiftungsmaßnahmen ein, wenn mein Körper selbst danach verlangt und ich irgendwelche Beschwerden habe. Ich habe ja schon mehrmals angesprochen, dass ich mir ganz sicher bin, dass alles, was der

Organismus tut, großen Sinn macht und dass hinter jedem Symptom eine Botschaft steckt.
Das große Geheimnis einer schnellen Heilung liegt für mich in zwei Dingen: Zunächst ist es wichtig, eine liebevolle Haltung dem Körper gegenüber zu bewahren und das, was da ist erst einmal anzunehmen. Dann gilt es herauszufinden, was das System, mit dem was es tut, erreichen will und es dabei zu unterstützen.
Das ist meist gar nicht so schwierig, wie sich das anhören mag. In der Regel möchte es nämlich etwas loswerden. Dies ist offensichtlich, wenn tatsächlich Sekret in irgendeiner Form aus verschiedenen Öffnungen herauskommt wie z. B. bei Schnupfen, Durchfall, Husten, Ausschlag, Ausfluss und bei allem, was von Schwitzen begleitet wird, also sämtliche fieberhafte Erkrankungen. Im Endeffekt sind jedoch nahezu alle Krankheiten zumindest mitverursacht von Gewebeablagerungen und einem entgleisten Säure-Basen-Haushalt.

Natürlich erzähle ich meinen Klienten von meinen positiven Erfahrungen mit der Darmreinigung und dem basischen Baden und die meisten von ihnen sind mehr als bereit, es selbst auszuprobieren. Schließlich ist beides völlig unkompliziert und für jeden allein zu Hause anwendbar. Es zeigt sich immer wieder, dass diese Maßnahmen bei jeder Art von Beschwerden eine wertvolle Hilfe darstellen. Ich selbst bin immer wieder verblüfft über die enorme Wirkung bei psychischen Problematiken. Welches Problem auch bestehen mag, in irgendeiner Form dreht es sich immer ums Loslassen. Geist und Seele lassen sich gerne überreden mitzumachen, wenn der Körper ihnen zeigt, wie es geht.
Nicht erst einmal habe ich es erlebt, dass Klienten, die bereits jahrelang erfolglos psychotherapiert worden waren, nach der Entgiftungskur kombiniert mit meiner Heilarbeit plötzlich völlig problemlos allen Ballast hinter sich lassen konnten.

Die Fälle, wo ab einem bestimmten Punkt einfach nichts mehr geht, sind in meiner Praxis jedenfalls selten geworden und ich möchte noch einmal erwähnen, was ich an anderer Stelle schon gesagt habe: Es gehört zu

den schönsten Momenten in meiner Arbeit, wenn ich die Veränderung sehe, die mit den Menschen passiert, wenn sie verstehen, dass alles einen Sinn ergibt.
Wenn sie begreifen, dass ihr Organismus nicht irgendeinen Blödsinn macht, vor dem sie sich fürchten müssen, sondern dass er einfach nur ganz natürlich reagiert.

Unser Körper ist wie die gesamte Natur ein unbeschreibliches Wunderwerk Gottes. Er kann sich aus den scheinbar aussichtslosesten Situationen heraus wieder regulieren, wenn wir ihn nur lassen und wenn wir ihn lieben. Dafür, dass er uns durchs Leben trägt.

Tiere

Ich war und bin immer begleitet auf meinem Weg. Von wunderbaren Menschen, von zahlreichen geistigen Helfern und von Tieren. Von Ninny habe ich bereits erzählt, doch sie war mir nur eine von vielen tierischen Lehrerinnen und Lehrern. Vor allem ihre Artgenossen die Pferde hören nicht auf, mich dazu anzuspornen, mir über das Leben Gedanken zu machen.
Als Fluchttiere verfügen sie über eine unglaubliche Fähigkeit, die Schwingung ihrer Umgebung aufzunehmen und reagieren blitzschnell darauf. Wie ich schon sagte, nimmt das Zebra in der Steppe nicht nur den Löwen wahr, es weiß auch binnen Bruchteilen von Sekunden, ob er Hunger hat. Dementsprechend flieht es oder grast ruhig in geringem Abstand.
Ich bin mir sicher, dass kein anderes unserer Haustiere so deutlich die inneren Prozesse seines Besitzers spiegelt wie das Pferd. Wenn ich mich in ein Pferd einfühle, offenbart es mir die Probleme seines Eigentümers deutlicher als dieser selbst.
Ninny lebte in meiner Panik, mein Pferd Simon war genau wie ich jahrelang ständig krank und melancholisch und unser Sancho ist das haarige Abziehbild meines Mannes. Er ist ein echter Genießer, freundlich und gesellig, gibt aber auch gerne den Ton an und nimmt durchsetzungsfreudig meist den direkten Weg zu seinem Ziel. Dass er wie alle anderen Ängste hat, wissen nur die, die ihn wirklich gut kennen.

Auch im Zuge meiner Arbeit zeigt sich mir immer wieder die enge Verbindung zwischen diesem besonderen Tier und seinem Menschen. Es spielt dabei überhaupt keine Rolle, ob die beiden sich täglich sehen oder nur alle zwei Wochen, allein die Tatsache, dass sie sich füreinander entschieden haben, genügt. Ob sie miteinander glücklich werden, hängt von der Bereitschaft des Zweibeiners ab, das ihm vorgehaltene Spiegelbild zu erkennen.

Es ist noch nicht lange her, da wurde ich zu einer Stute gerufen, die erst

seit zwei Monaten im Besitz einer jungen Frau war und wenige Tage nach dem Kauf schwer zu lahmen begonnen hatte. Die Frau, ihr Name war Karina, arbeitete selbst seit einigen Jahren energetisch und behandelte den schönen Araber liebevoll mit der Unterstützung eines ganzheitlichen Tierarztes, der Homöopathika verordnet hatte. Bisher jedoch ohne Erfolg.
Die tiefe Liebe zwischen den beiden war nicht zu übersehen, aber es lag eine Schwere über ihrer Beziehung. Das Gefühl, dass ich von beiden gleichermaßen empfing, war totale Überforderung. Keiner von beiden wollte und konnte die Verantwortung für den anderen übernehmen. Beide hatten schon so viel zu tragen und sehnten sich nur danach, sich endlich fallen zu lassen. Die Stute hatte einem Mädchen gehört, dessen Mutter verstorben war und Karina schien auch viel für andere getragen zu haben, doch darüber redete ich nicht mit ihr.
In vielen Jahren hatte sie mit verschiedenen Therapieformen eine ganze Menge ihrer inneren Prozesse aufgedeckt, darum ging es nicht mehr. Nur beim Loslassen brauchte sie jetzt noch ein wenig Hilfe und ihr Vertrauen in sich und das Leben musste wieder gestärkt werden.
Mit ihrem Pferd hatte sie hierfür einen hervorragenden Übungspartner. Die beiden hatten sich gefunden, um sich gegenseitig zu befreien und miteinander die Leichtigkeit zu entdecken. Karina hatte sich mit dem Tier einen lang gehegten Traum erfüllt und trug jetzt ständig die Angst in sich, dass sie etwas falsch machen und der Traum platzen könnte. Sie fühlte sich noch unsicher im Umgang mit ihrer neuen Freundin und glaubte, gegen diese Unsicherheit ankämpfen zu müssen. Mit dem Ergebnis, dass sie stattdessen größer wurde.
Gleich am ersten Tag hatte sie sich von anderen Reitern zu einem Ausritt überreden lassen, obwohl sie sich fürchtete. Die Stute ging ihr durch, lahmte seither und Karina selbst traute sich gar nichts mehr zu.

Ein Pferd als Flucht- und Herdentier ist es gewohnt, dass es in der Gruppe einen Führer gibt, an dem sich alle anderen orientieren. Täglich muss er unter Beweis stellen, dass er seiner Führungsrolle noch gewachsen ist. Ist dies nicht der Fall, übernimmt ein anderer seine Position. Die Gruppe kann es sich nicht leisten, sich auf einen

Schwächling zu verlassen. Das Überleben aller stünde auf dem Spiel. Auch wenn Mensch und Pferd zusammen sind, gibt einer den Ton an. Für den Menschen, als schwächeren Teil des Paares, ist es wesentlich sicherer, sich nicht dem instinktgesteuerten Fluchttier unterzuordnen, sondern seinem Vierbeiner die Sicherheit zu geben, die er braucht, um ihm zu vertrauen und zu folgen.
Doch aus Sicht des Pferdes verfügen nur wenige Menschen über die notwendigen Qualitäten eines Gruppenführers, so dass sie sich in brenzligen Situationen oft lieber auf sich selbst besinnen und das Weite suchen.

Karinas Stute war kein Leittier, sie wollte nicht die Führungsrolle übernehmen, aber gleichzeitig konnte sie auch nicht blind ihrer Besitzerin folgen, weil sie deren Unsicherheit spürte. Sie suchte nach einem Ausweg aus der Situation und übermittelte mit ihrer Lahmheit die Botschaft, dass es so nicht weitergehen sollte.

Ich behandelte Karina energetisch und riet ihr, sich bei dem, was sie tat, vollkommen von Erwartungen an ein bestimmtes Ergebnis zu lösen. Sie sollte nur noch Dinge tun, die ihr Freude machten und bei denen sie sich sicher fühlte. Erst dann, wenn sie sich selbst absolut vertraute, sollte sie einen weiteren, zusätzlichen Schritt wagen. Selbst dann, wenn sie die nächsten Monate nur wenige Meter mit ihrem Pferd spazieren gehen würde. Nie wieder sollte sie ihre Ängste ignorieren und übergehen.
Wer sich in gefährlich scheinende Situationen zwingt, sich quasi selbst aufs Glatteis führt, kann sich nicht behaglich fühlen. Ich sagte ihr, dass dies natürlich fürs ganze Leben gälte, aber nirgendwo würde sie es so gut üben können wie mit ihrer Stute, weil sie in ihr einen so perfekten Spiegel hatte. Wenn sie in Zukunft selbst Zweifel haben würde, ob sie schon bereit war weiterzugehen, würde das Tier es ihr zeigen.
Karina verstand genau, was ich meinte. Sie hatte geglaubt, sich ihren Ängsten stellen zu müssen, erkannte aber jetzt, dass sie dadurch nur immer größer geworden waren. Wie immer lag die Lösung des Problems im liebevollen Annehmen und nicht im Kampf.

Nach unserem Gespräch gingen wir noch gemeinsam in die Koppel und

ich erklärte ihr, wie sie mit Hilfe eines Stricks und ein paar einfachen Handgriffen auch den anderen Pferden in der Gruppe sogleich signalisieren konnte, dass sie sich ihrer Selbst sicher war und kein ungefragtes Eindringen in ihren Individualbereich dulden würde. Es war deutlich spürbar, wie sämtliche Herdenmitglieder die Botschaft augenblicklich registrierten und respektierten.
Die schöne Stute war beeindruckt von der veränderten Haltung ihrer Besitzerin, die sie bisher aus Respekt vor den anderen Pferden immer eher hektisch von der Koppel geholt hatte. Ich spürte, dass sie sich zum ersten Mal in Karinas Gegenwart völlig entspannte.
Ganz kurz hatte ich den Impuls ihr zu übermitteln, was wir gesprochen hatten, doch sofort merkte ich, dass sie es wusste. Ab jetzt würde vieles anders sein, das hatte sie verstanden, wie ihr Blick deutlich zeigte. Für mich gab es nichts mehr zu tun und ich konnte den Hof mit dem schönen Gefühl verlassen, dass hier zwei Wesen wirklich glücklich miteinander werden würden.

Auch wenn ich es mir von klein auf gewünscht hatte, konnte ich nicht immer so problemlos mit Tieren kommunizieren. Ich las viele Bücher zu diesem Thema und führte fleißig die darin aufgeführten Übungen aus, doch irgendwie klappte es nicht so richtig. Es erging mir genauso wie ich es schon kannte: Zwar bekam ich oft aus heiterem Himmel irgendwelche Informationen, die ich nicht wissen konnte, aber wenn ich konkrete Fragen stellte, blieb die Antwort meist aus. Ich war schon längst Geistheilerin, als es dann funktionierte.

Durch meine Arbeit mit dem Biotensor an meinen menschlichen und tierischen Klienten, machte ich mich unabhängig von den Botschaften, die ich medial empfing. Ich machte einfach meine Messungen und wenn ich etwas Zusätzliches empfing, war es gut, wenn nicht, war es auch gut. Anhand meiner theoretischen Kenntnisse konnte ich ebenso ein Gespräch über die möglichen Ursachen für die gefunden Blockaden führen und kam dabei gemeinsam mit dem Kunden auch zum Ziel. Allein dadurch, dass ich meine Erwartungshaltung zurückstellte und meinen Selbstwert und den Erfolg meiner Sitzung nicht davon abhängig machte, dass ich mit Überraschungseffekten aus der medialen Trickkiste Eindruck schinden konnte, nahm der Fluss an Informationen im Laufe der Zeit ständig zu. Doch es gab noch mehr zu lernen.

Auf einem meiner ausgedehnten Spaziergänge durch die wunderschöne Natur des Burgenlandes hatte ich ein sehr prägendes Erlebnis mit einer Ameise. Ich hatte mich auf einen Baumstumpf gesetzt und genoss die Ruhe und die Wärme der Frühlingssonne, als eine Ameise an meinem halbnackten Bein hochkrabbelte. Gerade wollte ich sie mit einer schnellen Handbewegung wegwischen, als ich innehielt und es in meinem Kopf zu rattern begann. Eine Flut von Erkenntnissen bahnte sich den Weg durch meine Gehirnwindungen, die mein Leben wieder ein gutes Stück weit verändern sollten.

Zunächst einmal erkannte ich die Überheblichkeit in meiner Absicht, die Ameise einfach unsanft vertreiben zu wollen ohne mir Gedanken darüber zu machen, ob ich sie damit vielleicht verletzen oder töten könnte. Und das, obwohl schließlich ich in ihren Lebensbereich eingedrungen war und nicht sie in meinen.
Zwar hätte ich mich selbst mit Sicherheit als überaus großen Natur- und Tierliebhaber bezeichnet, doch in diesem Moment erkannte ich, dass da so etwas wie eine Liste in meinem Kopf existierte, die die verschiedenen Arten von Lebewesen sehr genau einteilte. In gut und böse, niedlich und eklig, nützlich und störend. Es gab solche mit Lebensberechtigung und solche ohne und die dazwischen, die solange am Leben bleiben durften, solange sie meinen Weg nicht kreuzten.
Die Ameise auf meinem Bein war ein solches Zwischending und wie ich sie mir so anschaute, konnte ich mir plötzlich sehr gut vorstellen, dass sie meine Einschätzung nicht teilte.
Mit allen anderen Tieren würde es nicht anders sein, denn wo sie auch standen auf meiner Liste, so hatten sie doch alle eines gemeinsam: Das gleiche Recht zu leben wie mir gestand ich ihnen allen nicht zu. Wenn es hart auf hart kam, würden sie nach meinem Ermessen alle über die Klinge springen müssen.
Je länger ich darüber nachdachte, umso mehr schämte ich mich. Ich

hielt mich für spirituell, wie hatte ich glauben können, dass auch nur irgendein Geschöpf Gottes weniger wertvoll war als ich?
Selbstverständlich hatte alles seinen festen Platz und seine Funktion im Universum und gehörte einfach dazu. Wenn hier einer störte, dann der, der solch zweifelhafte Einteilungen vornahm und sich als Richter über Leben und Tod der anderen aufspielte. Das musste sich ändern, so eine Art von Naturliebhaber wollte ich nicht sein.

Zunächst musste ich die Angelegenheit mit der Ameise klären, die immer noch auf meinem Bein herum rannte und mich auch immer noch störte. Doch jetzt wollte ich nicht mehr riskieren, sie zu verletzen. Ich musste mit ihr reden, vielleicht war sie dank meiner neugewonnenen Haltung ja gesprächsbereit.
Von Ninny wusste ich, dass Tiere sofort merken, wenn man nicht authentisch ist, also wollte ich ehrlich sein, natürlich höflich und keinesfalls durfte ich von oben herab mit ihr sprechen, wir waren jetzt schließlich gleichberechtigt.
Ja, so konnte es funktionieren.
Ich richtete mich aus und entschuldigte mich für mein ungefragtes Eindringen in ihren Lebensbereich, erklärte ihr aber auch, dass ich aus irgendwelchen irrationalen Gründen heraus ein gewisses Problem damit hätte, wenn sie über meine nackte Haut krabbelte.
Dass die Ameise kurz innehielt, um anschließend auf dem kürzesten Weg mein Bein zu verlassen, hat mich zwar überrascht, aber eigentlich wusste ich, dass es kein Zufall war.

Ich hatte ein wichtiges Geheimnis im Zusammenhang mit der Tierkommunikation aufgedeckt, sie funktioniert auf Augenhöhe.
Es wunderte mich nicht mehr, dass meine bisherigen Bemühungen wenig erfolgreich gewesen waren, so überheblich wie ich eingestellt gewesen war. Ich würde auch nicht mit jemandem reden wollen, der mich gar nicht wirklich respektierte, mich von oben herab behandelte und womöglich auch noch versuchte, mir irgendwelche Befehle zu übermitteln.

In den darauf folgenden Wochen ließ ich keine Gelegenheit aus, meine

neue Fertigkeit zu erproben. So setzte ich mich zum Beispiel unter einen Baum ins hohe Gras, allerdings erst, nachdem ich sämtliche Krabbeltiere begrüßt und ihnen meine Absicht kundgetan hatte, damit ich keines erdrückte. Ich sprach den Anwesenden meinen Respekt aus und meine Achtung für das, was sie taten, bat sie aber auch davon abzusehen, auf mir herumzukrabbeln.
Ich saß über eine Stunde zwischen hunderten Ameisen, Käfern, Spinnen und anderem Getier und zwar völlig unbehelligt. Anstandslos kamen meine neuen Freunde meiner Bitte nach.

Dann löste ich das Katzenproblem in meinem Garten. Wir haben eine mehr als 40 Meter lange und etwa fünf Meter breite, dicht bepflanzte Böschung auf unserem Hanggrundstück. Gegen das Unkraut ist ihr Boden mit Rindenmulch bedeckt und die Grenze zum übrigen Garten bildet eine Natursteinmauer. Es gibt unmittelbar an die Steinmauer angrenzend ein kleines Biotop mit unzähligen Kröten und Fröschen, die Mauer selbst dient tausenden Eidechsen als Heimat und in den Büschen und Stauden der Böschung tummeln sich alle Arten von Vögeln. Zu meinem Leidwesen locken die paradiesischen Verhältnisse aber auch aus der ganzen Gegend die Katzen an. Überall hinterlassen sie ihr Geschäft, graben Löcher und, was mich am meisten stört, jagen die Eidechsen, Kröten und Vögel. Nicht einmal von unserem Hund lassen sie sich dabei stören, weil sie genau wissen, dass er zwar mit viel Wirbel versucht sie zu verscheuchen, aber schnellstens das Weite sucht, wenn eine von ihnen sich davon nicht beeindruckt zeigt und einfach sitzen bleibt.
Jahrelang hatte ich deshalb täglich zumindest ein paar Minuten damit verschwendet, mich über die Katzen zu ärgern. Zwar war ich mir dessen bewusst, dass ich das Problem dadurch, dass ich es mit der Energie meiner Aufmerksamkeit fütterte, noch verschlimmerte, schaffte es aber nie länger als zwei Tage, das Ärgern bleiben zu lassen. Ich war das hilflose Opfer der Katzen meiner Nachbarn.
Doch dann ermutigten mich meine neuen Erfolge als Ameisenflüsterer dazu, es auch hier einmal auf die friedliche Art zu versuchen. Ich richtete mich direkt auf den Geist aller Stubentiger aus und

entschuldigte mich zunächst einmal für meine aggressive Haltung in der Vergangenheit. Dann sagte ich ihm, dass ich jetzt bereit wäre, die Katzen zu lieben und zu achten, bat ihn aber um Verständnis dafür, dass ich in meinem Garten lieber anderen Tieren ein zu Hause geben wollte. Schließlich konnten diese nicht so leicht einfach anderswohin ausweichen.
Ich weiß nicht, ob der Katzengeist sich einsichtig zeigte oder das Universum, weil ich endlich verstanden hatte, wie blöd es war so feindselig zu sein. Wahrscheinlich lag es an beidem, aber mein Problem ist seither gelöst.

Die hartnäckigsten Feinde aus dem Tierreich, mit denen es sich auszusöhnen galt, waren die Zecken. In der Gegend, in der wir leben, gibt es nur sehr selten harte Winter, so dass es wirklich viele von den Blutsaugern gibt und als Tierärztin weiß ich eine Menge über die gefährlichen Krankheiten, die sie auf Mensch und Haustier übertragen können. Es fiel mir wirklich schwer sie zu achten, besonders wenn ich gerade wieder nach einem Spaziergang zehn von ihnen aus dem Fell meines Hundes gezogen hatte. Andererseits wollte ich es wirklich und ich suchte nach Argumenten, um meinen Verstand zu überzeugen.
Die bereits bewährte Methode funktionierte auch diesmal. Ich deklarierte im Geiste, dass ich zu dieser Angelegenheit mehr Informationen brauchte, hörte einfach auf zu grübeln und wartete ab. Es dauerte nicht lange und die verblüffende Antwort tauchte in meinem Kopf auf. Es war wie ein Zwiegespräch.
Eine Stimme in mir erinnerte mich, dass ich mir doch ganz sicher sei, dass ich mit meinen Gedanken und Glaubenssätzen meine Realität erschaffen würde. Ja, das stimmte, eine zweite Stimme gab ihre Bestätigung. Die erste fragte schlicht: „Warum sollte das nicht für Zecken gelten?“

Und da saß ich wieder. Völlig niedergeschmettert von der Erkenntnis; davon wie simpel sie war und was sie doch alles beinhaltete. Ich hörte mich selbst, wie ich unzählige Male zu meinen Klienten sagte: „Universelle Gesetze gelten universell. Man kann sie auf alles

anwenden.“ Wie leicht ich es doch selbst immer wieder vergaß.
So wie ich es verstand, und man bekommt die Botschaften aus der geistigen Welt immer so, dass man sie richtig versteht, bedeutete das, dass die Zecken gefährlich waren und Krankheiten übertrugen, weil man es von ihnen erwartete. Je mehr man es erwartete, je mehr man sie bekämpfte und hasste, umso mehr Zecken würde es geben, umso mehr würden einem begegnen und umso mehr Menschen und Tiere würden sie infizieren.
Immer und immer wieder lag und liegt die Lösung im friedvollen Annehmen und niemals im Kampf. Ich fragte mich wie so oft zuvor, wann es wohl endlich so sein würde, dass ich das verinnerlicht hätte. Noch war es jedenfalls nicht soweit, aber immerhin hatte ich geduldige Helfer, die mir jederzeit gerne mit einer kleinen Gedächtnisstütze zur Seite standen.
Ich bedankte mich still und spann dann den Gedanken weiter. Was für alles galt, sogar für Zecken, musste auch für Mikroorganismen gelten. Womöglich sind auch Viren und Bakterien nur gerade so gefährlich, wie wir glauben und wir müssten uns gar nicht mehr gegen sie schützen, wenn wir sie als harmlos betrachten und anerkennen würden, dass auch sie ihren Platz und ihre Bedeutung innerhalb der Schöpfung haben.

Entscheiden Sie selbst, was Sie darüber denken wollen, aber ich für mich habe dies als meine Wahrheit angenommen, was mir ein sehr viel friedlicheres, sorgenfreieres und allein dadurch schon gesünderes Leben beschert.

Zecken begegnen mir immer noch häufig. Wenn ich mich abends ausziehe, fällt manchmal eine aus meinem Hosenbein oder aus einem anderen Kleidungsstück. Aber sie beißen mich nicht und nur sehr selten beißen sie meinen Hund.
Es fühlt sich gut an, nicht mehr in Panik zu geraten, wenn ich einen sehe oder wenn ich mich völlig unbeschwert in die Wiese lege. Und es fühlt sich gut an, mich mit all den verschiedenen Wesen von ganz klein bis ganz groß verbunden zu fühlen, mit ihnen zu plaudern und durch sie etwas über das Leben zu lernen.

Wenn mich heute jemand fragt, ob ich mit Tieren sprechen könne, kann ich die Frage mit „ja“ beantworten. Doch dieses „Ja“ drückt nicht wirklich aus, was es bedeutet sich mit Tieren auszutauschen. Ich kann erfahren, warum sie Schmerzen haben, ob sie glücklich sind, was sie bedrückt. Aber das ist längst nicht alles.
Ich für mich habe nicht das Gefühl, mich mit dem Tier an sich zu unterhalten. Wenn ich mich darauf ausrichte, komme ich mit Gott in Verbindung. Mit der Quelle, die ich alles fragen kann.
Ausgerichtet auf dieses Lebewesen habe ich Zugang zu jeder Art von Information. Dieses Wesen weiß alles. Über sich, über mich, über den Platz auf dem es steht, über seine Art, über das Leben, über Gott. Es weiß, dass es ein Teil Gottes ist. Aber es identifiziert sich nicht mit diesem Wissen, es ist nicht seines, auch das weiß es.
Wenn ich mit einem Menschen spreche, fühlt es sich ganz anders an. Der Mensch identifiziert sich mit seinem Verstand und erkennt nicht, dass es das ist, was ihn abgrenzt von seinem eigenen göttlichen Kern und allem, was ihn umgibt. Wenn ich einem Menschen helfe und hierfür Informationen erhalte, habe ich nicht das Gefühl, sie durch diesen Menschen zu empfangen, sondern durch meine geistigen Helfer. Weil der Mensch so wenig mit seiner Quelle verbunden ist, muss mein Geist einen Umweg nehmen.
Noch nie bin ich einem Menschen begegnet, der so offen war wie ein Tier, doch ich glaube fest daran, dass es solche Menschen gibt. Ich wäre gern ein solcher.

In der Regel sind wir Menschen allerdings ziemlich verschlossen und dadurch isoliert. Wir ziehen im Geiste eine Grenze zwischen uns und dem, was uns umgibt. Weil wir glauben, uns schützen zu müssen, schotten wir uns energetisch ab.
Wir haben so viele Ängste. Davor verletzt zu werden und sei es nur durch Worte, Angst schlechter zu sein als andere, aber auch Angst, dass uns etwas weggenommen wird, vielleicht unser Job oder unsere Geldtasche. Wir fürchten uns vor ansteckenden Krankheiten, vor Elektrosmog und gerade unter Esoterikern ist sogar die Sorge vor der Übertragung der schlechten Energien unserer Mitmenschen verbreitet.

Es ist eine so große Illusion zu glauben, dass von außen Bedrohungen auf uns zu kommen, vor denen wir uns schützen müssen. Wir nehmen keinen Schaden dadurch, dass wir Dinge in unser System hineinlassen, wir nehmen Schaden, wenn wir uns mit ihnen identifizieren, sie bekämpfen oder festhalten. Denn dann stellen wir uns gegen den Fluss des Lebens.
Stattdessen sollten wir die Gedanken, Eindrücke und Gefühle einfach durch uns hindurchfließen lassen, sie beobachten ohne sie zu bewerten. Wenn wir sie einfach da sein lassen, tun sie uns nichts. Stress kommt niemals von außen. Wir selbst erzeugen ihn dadurch, dass wir das, was passiert, bewerten und uns dagegen wehren.

Wenn es uns absolut nicht gelingen will, das, was geschieht, nur zu beobachten, weil es etwas in uns in Schwingung bringt, eine Lampe anknipst, die grell leuchtet und unser ganzes System in helle Aufregung versetzt, dann sollten wir nicht vergessen, dass es unsere eigene Lampe ist, die da leuchtet. Wir sollten in den Spiegel, der uns da vorgehalten wird, hineinblicken und das, was wir darin sehen, dankbar annehmen. Je schrecklicher es auf den ersten Blick aussehen mag, umso mehr wird es uns weiterbringen, wenn wir es uns ansehen. Man kann es nicht oft genug sagen, im Grunde geht es immer nur um liebevolles Annehmen und Loslassen. Wenn wir das tun, brauchen wir uns nicht zu schützen, vor nichts und niemandem.

Grenzen wir uns trotzdem ab, verschließen wir unsere Energiezentren, die Chakren, und übersehen dabei völlig, dass wir uns damit auch von der Energie abschneiden, die uns am Leben hält. Nicht nur das vermeintlich Negative bleibt nun draußen, sondern auch die universelle Kraft, die alles umgibt, alles durchdringt und alles zu regulieren vermag. In jedem Moment müssen wir Energie aufnehmen und abgeben können. Ist der Austausch eingeschränkt, werden wir krank an Körper, Geist und Seele. Umso mehr, je mehr wir uns verschließen.

Das aufmerksame Beobachten von Tieren hat mir gezeigt, wie viel offener als ich sie bei jeder einzelnen ihrer Aktionen sind. Sie hinterfragen nicht, werten nicht und handeln einfach, wie es der

Moment erfordert.
Wenn ich mit meiner Hündin Luzi spazieren gehe und wir einen ihrer Hundefreunde treffen, scheint sie schier überwältigt zu sein vor Freude. Sie springt wie wild herum und gibt dabei alle möglichen Laute von sich. Dann beginnt ein ausgelassenes Spiel und sobald ich ihr zurufe, dass wir nun weiter gehen, reißt sie sich mit genau derselben Begeisterung, mit der sie ihn vorher begrüßt hat, von ihrem Freund los, um mir schnell zu folgen. Immer bereit für neue Abenteuer.
Erst heute, nach mehreren Jahren Arbeit an mir selbst, bin ich annähernd so unbeschwert wie Luzi, wenn ich eine liebe Freundin treffe.
Früher war das anders. Vor allem dann, wenn ich jemanden länger nicht gesehen hatte, zum Beispiel eine weit entfernt wohnende Studienkollegin, war schon meine Wiedersehensfreude ein wenig getrübt von dem Wissen, dass sie nicht lange bleiben würde. Spätestens wenn ich mich wieder verabschiedet hatte, war ich dann aber richtig traurig, oft für Stunden.

Wenn ein Wildtier, zum Beispiel ein Reh, in der Natur aufgeschreckt wird, rennt es sofort aus voller Kraft davon, bis es sich in sicherer Entfernung von der Gefahrenquelle wähnt. Dann bleibt es stehen, horcht noch einmal kurz, entspannt sich und beginnt sogleich wieder zu fressen.
Stellen Sie sich einen Menschen in einer ähnlichen Situation vor. Jemand, der Leib und Leben durch jemand anderen bedroht sieht, kann Jahre brauchen, bis er das Geschehene verarbeitet hat. Selbst wenn er nur durch eine Unachtsamkeit gestört wird, kann es Stunden dauern, bis sein Gleichgewicht annähernd wieder hergestellt ist.

Um wie viel Glück bringen wir uns selbst, wenn wir alles, was passiert, bewerten und beeinflussen wollen. Wir glauben, dass ohne unsere Kontrolle alles aus dem Ruder läuft.
Dabei ist es genau umgekehrt. Die Natur reguliert sich selbst, erst die massive Einmischung des Menschen hat dazu geführt, dass die Erde bis zum Hals in Schwierigkeiten steckt. Und was für die Erde gilt, gilt

natürlich auch für uns. Solange wir uns vertrauensvoll treiben lassen und nur nach unseren Impulsen handeln, geht es uns gut. Erst wenn der Verstand die Herrschaft übernimmt, bewegen wir uns immer weiter weg von unserem Naturzustand, in dem sich vorübergehende Ungleichgewichte von ganz alleine ausgleichen.

Ich bin so froh darüber, dass es mir immer so wichtig war, mich mit Tieren zu umgeben und ich nie aufgegeben habe, mich mit ihnen unterhalten zu wollen. Durch das umfassende Wissen, das sie mir offenbarten, habe ich verstanden, dass alles miteinander verbunden ist und dass dieses Wissen auch mir zur Verfügung stand, wenn ich mich nur öffnete.
Heute bekomme ich auf alle meine Fragen eine Antwort, weil ich die geistigen Grenzen aufgehoben habe und auch, weil ich das, was ich erfahre, nicht mehr beurteile.
Dass eine Ameise mir zu einem derart großen Entwicklungsschritt verholfen hat, hat mir eindrucksvoll bewiesen, wie wertvoll jede Begegnung sein kann. Immer besser gelingt es mir, mich nicht mehr gegen die kostbaren Geschenke des Lebens zu wehren.

Den göttlichen Kern, den ich zunächst nur in meinen geliebten Haustieren entdecken konnte, fand ich nach und nach auch in anderen Tieren, in den Menschen und überall sonst. Je mehr ich glauben konnte, dass auch in mir ein so helles Licht brannte, umso besser konnte ich auch meine weniger guten Seiten akzeptieren. Endlich begann ich, echte Eigenliebe zu entwickeln.
Ich gab meinen Wunsch auf mich abheben zu wollen, klüger, spiritueller, schöner oder sonst wie besser zu sein als meine Mitgeschöpfe und hielt stattdessen lieber Ausschau nach Gemeinsamkeiten und Möglichkeiten dazu zu lernen.

Die Zeiten sind vorbei, in denen ich die Gesellschaft der Tiere der der Menschen vorzog, heute kann ich beide gleichermaßen lieben. Doch nach wie vor sind Tiere etwas ganz Besonderes für mich. Wenn man so will, sind sie erleuchtet. In meinen Augen sind sie so eine Art sichtbare Engel, die uns helfen, unser Leben zu bewältigen und uns zeigen, worum

es geht. Alles, was wir so mühsam lernen müssen, können sie von Geburt an mühelos.
Sie lieben bedingungslos, sie leben in der Gegenwart, sie können vertrauen, sie können verzeihen. Was sie von uns unterscheidet, betrifft den Verstand. Nicht dass sie keinen hätten, sie haben einen. Aber sie lassen sich nicht von ihm beherrschen, sie nützen ihn nur.
Ist das ein Grund, auf sie herabzuschauen? Ich denke nicht.
Ich nehme sie mir zum Vorbild und so sind und bleiben sie meine größten Lehrmeister, meine deutlichsten Spiegelbilder und meine verlässlichsten Freunde.

Frank

Christof und ich waren eingeladen, bei Julia, einer alten Bekannten, die wir nur sehr sporadisch, etwa alle zwei Jahre einmal, sahen. Wir kannten sie seit der Zeit in der wir die Schwierigkeiten mit Christofs Eltern gehabt hatten und sie hatte uns damals nicht unerheblich unterstützt. Auch durch ihre offene und natürliche Art hatten wir sie sehr liebgewonnen und freuten uns immer sie zu sehen.
Wir hatten nicht gewusst, dass zu dem Essen bei ihr auch noch andere Leute geladen waren, der Tisch war für acht Personen gedeckt. Bereits ein paar Minuten nach uns trafen die restlichen Gäste ein. Frank, ein erfolgreicher Rechtsanwalt mit seiner Freundin Susanne, die als Lehrerin arbeitete. Florian, ein Finanzberater mit seiner Frau Sabine, an deren Beruf ich mich nicht mehr erinnern kann, aber auch sie hatte einen guten Job, und Babsi, die die Personalabteilung einer großen Firma leitete. Besonders Sabine und Florian waren mir auf Anhieb sehr sympathisch, auch Babsi und Susanne waren nett, aber Frank erinnerte mich auf den ersten Blick an den ehemals besten Freund meines Mannes, Felix.

Felix war ein durch und durch lieber Kerl, hatte jedoch eine traumatische Kindheit durchgemacht. Er war mit einer schweren Lippen-Kiefer-Gaumenspalte zur Welt gekommen, was besonders für seinen Vater, der Direktor einer großen Firma war, nicht leicht zu verkraften war. Er ließ es seinen Sohn deutlich spüren, wie unzufrieden er mit ihm war, hänselte ihn sogar. Die Art, wie Felix mit seinen seelischen Verletzungen gelernt hatte umzugehen, würde ich als Profilierungssucht bezeichnen. Er hatte einen extremen Drang im Mittelpunkt zu stehen und um dies zu erreichen, bediente er sich atemberaubender Geschichten, die erstens selten der Wahrheit entsprachen und zweitens oft auf Kosten nicht anwesender Dritter gingen. Zudem war er Hypochonder und nahezu immer leidend. Ich empfand und empfinde Mitgefühl für ihn und achte ihn für das, was er durchmacht, aber der Kontakt mit ihm war anstrengend und wir hatten die Beziehung nach und nach ein wenig abkühlen lassen.

Frank hatte für mich genau die gleiche Energie wie Felix und sah ihm auch äußerlich ähnlich. Ich konnte an seiner Nase eine Narbe entdecken, sein Mund war frei von Operationsspuren. Trotzdem war ich mir sicher, dass auch er mit einem Schönheitsfehler auf die Welt gekommen war. Seine Art war höchst gewöhnungsbedürftig. Nach nur ganz wenigen einleitenden Sätzen fragte er Christof, ob er seinen Wehrdienst abgeleistet hätte und als dieser verneinte, erklärte er ihm, dass das dem Staat gegenüber in etwa so ein Vergehen wie Steuerhinterziehung sei.
Als wir dann alle Platz genommen hatten, übernahm er augenblicklich die Leitung des Tischgesprächs und erklärte, er würde nun gerne die Meinung aller zur Einführung der Vermögenssteuer hören. Die Anwesenden waren wenig begeistert, mit Ausnahme von mir taten sie ihm allerdings den Gefallen. Sobald jemand etwas äußerte, was seiner Sichtweise widersprach, begann er eine Diskussion in der Manier eines Kreuzverhörs, was er als Strafverteidiger hervorragend beherrschte. Er gab nicht eher Ruhe, bis seinem „Gegner“ überhaupt nichts mehr einfiel oder ihm - mangels Sinnhaftigkeit und Freude an dem Manöver – einfach recht gab.
Entstand zwischen zwei Tischgenossen ein anderes, als das von ihm vorgegebene Gesprächsthema, klinkte er sich sofort ein und es gab wieder ein Kreuzverhör. Denn schließlich gab es kein Thema, zu dem er nicht alles besser wusste als alle anderen.
Durch Fragen der anwesenden Damen an mich ergab sich eine Unterhaltungen über Vegetarismus und auch darüber hatte Frank eine Menge zu sagen. Hier gab er sich sogar besonders engagiert, denn in mir schien er in Bezug auf die Aufmerksamkeit der Tischgesellschaft eine starke Kontrahentin zu wittern.

Ich bin es schon gewohnt, in anderen durch meine bloße Anwesenheit etwas auszulösen, sie in Kontakt mit tiefsitzenden Konflikten zu bringen. Es muss in irgendeiner Form mit meiner Lebensaufgabe zusammenhängen, jedenfalls passiert es mir immer wieder, dass

Menschen auf mich sehr seltsam reagieren, selbst wenn ich völlig passiv bin. Sie schütten mir zum Beispiel plötzlich ihr Herz aus oder greifen mich grundlos an.

Dass ich also nun diejenige war, die an der Reihe war, vorgeführt zu werden, gefiel mir gar nicht, denn ich bin an und für sich gegen Diskussionen eingestellt. Zwar rede ich gerne über das, was ich tue und erzähle bei ehrlichem Interesse auch gerne von meinen Beweggründen und meinen Erfahrungen, doch zeigt es sich immer wieder, dass es Menschen gibt, die Meinungsäußerung nicht einfach als solche, sondern als Bekehrungsversuch oder sogar als Angriff gegen ihre eigene Haltung deuten.
Vegetarismus ist ein heikles Thema.
Was soll ich sagen, wenn ich gefragt werde, warum ich kein Fleisch esse? Meine Gründe sind vielschichtig. Soll ich sagen, dass mir die Tiere leid tun? Ich habe erlebt, dass mein Gegenüber geantwortet hat: „Du bist also der Meinung, wir alle seien Mörder?“
Sage ich, es sei aus Umweltschutz- oder Menschenrechtsgründen, mache ich es auch nicht besser. Sage ich „einfach so“ ernte ich verständnisloses Kopfschütteln ob meiner mangelnden Kommunikationsbereitschaft.
Mittlerweile habe ich aufgehört mir zu überlegen, was mein Gesprächspartner wohl am besten verkraften kann. Wenn ich gefragt werde, gebe ich eine ehrliche und freundliche Antwort und zwar die, die mir gerade einfällt.
So auch bei Frank. Ich sagte, da gäbe es verschiedene Gründe, die mit Menschenrechten sowie Tier- und Umweltschutz zu tun hätten.
Seine Reaktion war unübersehbar degradierend:
„Mit den Menschenrechten, da glaub ich verwechselst du was, du meinst wohl, dir tun die armen Tiere leid.“ Er lächelte mitleidig.
Ich lächelte freundlich und sagte ihm, dass ich das schon so gemeint hätte und dass ich der Meinung wäre, dass es unter anderem mit dem Fleischkonsum zusammenhing, dass so viele Menschen auf der Welt hungern müssten. Erstaunlicherweise sprang Florian für mich in die Bresche und erklärte Frank die genauen Zusammenhänge, die ich hier

nur kurz aufgreifen möchte:

Ein Rind benötigt bis zu dem Zeitpunkt, an dem ein Teil seines Körpers verwertet werden kann, ein Vielfaches an Getreide, Trinkwasser und Energie, die ein erwachsener Mensch im selben Zeitraum brauchen würde, weswegen Fleischkonsum auch nur für den reicheren Teil der Weltbevölkerung leistbar ist. Würde das vorhandene Getreide den Menschen direkt zur Verfügung gestellt, müsste niemand mehr hungern und es bliebe sogar noch genügend Fläche zur Wiederaufforstung übrig.

Frank war allerdings fassungslos angesichts einer solchen Menge an Naivität und gefährlichen Halbwissens. Höchst aufgebracht stellte er klar, dass es noch lange nicht einem einzigen Menschen in der dritten Welt besser gehen würde, wenn der europäische Getreideberg noch ein kleines Stück größer wäre und überhaupt würde ich doch nicht im Ernst glauben wollen, dass ich als Einzelperson irgendetwas ausrichten könnte.
Ich entgegnete ruhig, dass ich ihn nicht überzeugen wolle und dass es mir persönlich nur darum ginge, das Beste zu tun, was ich meiner Meinung nach tun konnte.
„Naja, mir tun die Tierchen ja auch leid, die sind ja wirklich arm“, meinte er sehr passend und ließ es damit dann aber auf sich beruhen.

Als es etwas später dann um meine Heilarbeit ging, für die Babsi sich näher interessierte, hatte ich weniger Glück. Ich muss wohl nicht näher erläutern, wie er in dieser Angelegenheit eingestellt war und diesmal schien er fest entschlossen, das Gespräch erst dann zu beenden, wenn ich eingesehen hatte, was ich da für einen Blödsinn redete. Was ich auch sagte, er drehte mir das Wort im Munde um. Wenn ich sagte, dass ich für mich die Schulmedizin nicht in Anspruch nahm, warf er mir vor, sie zu verurteilen und abschaffen zu wollen. Dass ich ebenso gesagt hatte, dass es meiner tiefen Überzeugung entsprach, dass alles auf der Welt seinen Platz und seine Bedeutung hatte, überhörte er.
Wenn ich sagte, dass ich die Diskussion nicht führen wollte, weil es für mich nicht nur eine Wahrheit gab und jeder von seinem Standpunkt aus uneingeschränkt recht hätte, unterstellte er mir die Unfähigkeit

zwischen Wahrheit und subjektiver Wahrnehmung zu unterscheiden. (In der Tat sehe ich da keinen sehr großen Unterschied, aber das behielt ich lieber für mich, das hätte ihn nur noch mehr angestachelt.)
Immer mehr redete er sich in Rage, doch während die Schweißflecken unter seinen Achseln schon gewaltige Ausmaße erreicht hatten, war ich immer noch völlig ungerührt, nur ein wenig gelangweilt. Ich hatte wirklich keine Lust mehr, dieses sinnlose Geplänkel fortzuführen, das für ihn ein Machtkampf war, auf den ich mich einfach nicht einlassen wollte.
In seiner Verzweiflung prophezeite mir Frank schließlich düster, dass ich meine Meinung ändern würde wenn ich krank werden würde. Und ich würde krank werden, das wüsste er mit Sicherheit.
Ich musste ein wenig lachen und sagte nur „ok".
Er war im Übrigen schon krank, denn selbst im Eifer des Gefechts vergaß er nie, circa alle zwei Minuten abwechselnd über seinen Bandscheibenvorfall, seine Histaminallergie und seine Gewichtsprobleme zu jammern. Womöglich hätte er sich diesbezüglich von mir einen Tipp erhofft, doch ich konnte mich beherrschen. Vielleicht jammerte er aber auch nur einfach gerne.

Christof und ich waren jedenfalls wirklich erleichtert, als das mehrgängige Menü abgeschlossen war und sich allgemeine Aufbruchsstimmung breit machte. Frank musste als Erster gehen, weil er wegen seiner Bandscheibe nicht so lange sitzen konnte, aber auch wir verabschiedeten uns schon bald darauf. Der Abend hatte uns beide sehr ermüdet.
Im Auto meinte mein Mann, dass er es außerordentlich bedauert hätte, dass ich nicht viel mehr von den überzeugenden Argumenten die er von mir bereits kannte, auf den Tisch gelegt hatte.
Ich konnte ihm nur entgegnen, dass ich hierzu keinerlei Impuls verspürt hätte, ganz im Gegenteil eigentlich der Meinung war, schon viel zu viel gesagt zu haben. Ich fühlte mich völlig kraftlos und das allein zeigte mir, dass ich völlig sinnlos eine Menge Energie verschenkt hatte.
Trotzdem bemühte ich mich um eine positive Sicht auf die Dinge und freute mich darüber, dass es Frank nicht gelungen war, mich aus der

Ruhe zu bringen.

Nach dem Aufwachen am nächsten Morgen fühlte ich mich immer noch geschwächt und ich war unglaublich schlechter Laune. Ich musste mir eingestehen, dass mich der Abend doch mehr belastet hatte, als mir lieb war. Also wandte ich mich meinen Gefühlen zu und versuchte herauszufinden, was sie mir sagen wollten.

Plötzlich ergriff ein unglaublicher Schmerz von meinem Körper Besitz und sobald ich mir seiner bewusst wurde, begannen auch schon die dazugehörigen Informationen zu fließen.
Ich spürte Franks Schmerz. Den, den er bei seiner Geburt empfunden hatte, als seine Eltern ihn das erste Mal ansahen. Als Wunschkind eines Ehepaares, das es zu etwas gebracht hatte und das gewissen Wert auf Äußerlichkeiten legte, hatte er einen Schönheitsfehler.
Statt bedingungsloser Elternliebe war ihm tiefe Enttäuschung entgegengeschlagen. Er war nicht das Kind, das sie sich gewünscht hatten.
So offen und empfindsam wie jedes Baby ist, weil die Eindrücke des Lebens es noch nicht haben abstumpfen lassen, verankerte er in diesem, seinem allerersten Moment das Gefühl in sich, dass er wertlos war. Sein ganzes Leben, jede einzelne noch so kleine Interaktion mit einem anderen Menschen, war seither ein einziger Kampf. Ein Kampf um Liebe und Anerkennung. Weil er nicht hatte erfahren dürfen, dass ein Mensch um seiner selbst willen liebenswert ist, musste er besser und klüger sein als die anderen, um nicht in seinem Minderwertigkeitskomplex unterzugehen. Zu gewinnen lieferte ihm die Berechtigung überhaupt existieren zu dürfen, es war eine Frage von Leben und Tod. Zwar merkte er sehr wohl, dass er mit dieser Art nicht immer gut ankam, aber er fand keinen Weg um aus seinem Muster auszubrechen.

Ich hatte tiefes Mitgefühl mit ihm und war heilfroh, dass ich ihn am Vorabend nicht mit Worten verletzt oder in die Enge getrieben hatte. Dieser Mensch hatte genug zu leiden. Doch ich spürte und wusste auch sehr deutlich, dass er augenblicklich von seinem Lebenskampf befreit werden würde, wenn er nur einen Moment die Bereitschaft aufbrächte, sich den tiefen Schmerz in seinem Inneren einzugestehen. Würde er damit aufhören, sich selbst und den anderen stets den Helden vorzuspielen und zu seiner Schwäche stehen, er wäre erlöst.

Ich dagegen war überwältigt vor Dankbarkeit. Ich war dankbar für diesen Einblick, der mich davor bewahrte, mich über Frank ärgern zu müssen. Und ich war dankbar, dass ich noch einmal an etwas erinnert wurde, was ich eigentlich schon erfahren, aber noch nicht in seiner ganzen Tragweite begriffen hatte:
In der Sitzung mit Margit, als ich im Geiste mit meinem Bruder sprach, hatte man mir das erste Mal gezeigt, dass das Annehmen von Gefühlen deren Auflösung bewirkt. Ich musste mich nicht mehr hassen, nachdem ich realisiert hatte, dass ich es tat und ich musste auch keinen Hass mehr auf Franz projizieren.

Frank rief mir diese Lektion noch einmal in Erinnerung und „zufällig“ las ich an diesem Tag auch noch in einem meiner Bücher von einem indischen Avatar, der der Meinung war, es genüge, sich auch nur einem einzigen seiner Schmerzen offen und ehrlich zu stellen, um zur Erleuchtung zu gelangen. Wieder einmal passte alles perfekt zusammen.

Aber Frank tat noch etwas für mich: Er brachte mich am Tag, nachdem ich ihn kennenlernen durfte, zum Nachdenken. Darüber, wie man im Konkurrenzdenken gefangenen Menschen wie ihm mit wenigen Worten erklären konnte, um was es mir ging. Wie einer wie er vielleicht verstehen konnte, warum ich eine Diskussion für so sinnlos halte, warum ich mich mit meiner Meinung nicht identifizieren und sie verteidigen will. Aus diesen Überlegungen entstand das kurze Abschlusskapitel dieses Buches „Der Tropfen“.

Weil ich gerade dabei war, mich mit dem Annehmen von Schwächen zu befassen, gestand ich mir auch gleich ein, dass ein Teil von mir sich wünschte, Frank würde irgendwann diese Zeilen lesen und verstehen, dass ich das Gespräch mit ihm nicht deswegen beendet hatte, weil mir die Argumente ausgegangen waren.

Ich segnete diese nach Anerkennung heischende Teilpersönlichkeit und ließ sie gehen. Dann schickte ich eine extragroße Portion Licht und Liebe an Frank und machte mich daran, mit Christof unser Schwimmbad zu putzen.

Das letzte Drama

Meine Pferde gehören zu einem Bereich meines Lebens, mit dem ich sehr lange nicht wirklich glücklich war. Die drei sind mir sehr wichtig und wie ich schon geschrieben habe, sind sie für mich eine nie versiegende Erkenntnisquelle.
Ich war nicht zufrieden mit dem Reitstall, in dem wir sie eingestellt hatten. Wie bei den meisten Dingen im Leben, wichen auch auf diesem Gebiet meine Vorstellungen sehr stark von denen der anderen ab. Trotzdem musste ich mich der Mehrheit beugen und mich mit den herrschenden Gegebenheiten abfinden. Für meinen Geschmack durften die Pferde viel zu selten auf die Koppel, bekamen nicht das richtige Futter und wurden viel zu oft mit viel zu starken Mitteln entwurmt. Die anderen Pferdebesitzer und die Pächterin des Stalles, eine gelernte Pferdewirtin, die für das Wohl unser aller Tiere verantwortlich war, hatten eine gänzlich andere Einstellung wie ich. Nicht nur zu ihren eigenen Lieblingen, sondern auch zum Leben im Allgemeinen.

Es gab viel Tratsch und manchmal auch Streit und es fiel mir nicht immer leicht, mich aus allem heraus zu halten. Ich wollte kein völliger Außenseiter sein und es störte mich schon ein wenig, dass ich das Gefühl hatte, dass man es mir verübelte, wenn ich mich abwandte, wenn gelästert wurde oder wenn ich einfach schwieg, weil ich in einer Angelegenheit völlig entgegengesetzter Meinung war.
Richtig schlimm wurde es aber dann, wenn eines meiner Pferde sich eine Infektion einfing. Es war gang und gäbe, bei Wunden, Husten, Durchfall oder sonstigem sofort zu starken schulmedizinischen Mitteln zu greifen, um zu verhindern, dass sich irgendeine Krankheit im Stall ausbreiten konnte. Einerseits verstand ich diese Haltung. Doch ich lebte in einer anderen Welt, hatte mich nach meinen eigenen Erfahrungen von der klassischen Medizin abgewandt und es lag mir fern, mir schon bei leichten Symptomen Horrorszenarien auszumalen, weil ich dadurch deren Eintreten ja nur wahrscheinlicher machte. Außerdem kannte ich als Heilerin genug andere Möglichkeiten, die Tiere in ihrem

Heilungsprozess zu unterstützen.

Vor allem Sabrina, die Pächterin, beäugte meine Bemühungen jedoch mit äußerst gemischten Gefühlen. Zwar hatte sie mich selbst schon bei chronischen Beschwerden ihrer Pferde, bei denen sie mit herkömmlichen Mitteln nichts hatte ausrichten können, um Hilfe gebeten, sie blieb aber trotzdem skeptisch und war der Meinung, dass man meine Art der Behandlung zumindest mit schulmedizinischen Medikamenten kombinieren sollte.
Natürlich war ich selbst für das Wohl meiner Tiere verantwortlich, doch sie trug Sorge für alle übrigen und so übte sie öfter unterschwelligen Druck auf mich aus, in etwa nach dem Motto: „Du kannst es ja probieren, aber wenn es nicht gleich besser wird, dann musst du schon was anderes machen, sonst wird es gefährlich für die anderen."
Es war schon vorgekommen, dass wir in so einer Situation richtig in Streit geraten waren, der sich dann auf unterschiedliche Weise auflöste. Manchmal gelang es mir, ihren Druck von mir fernzuhalten und ich hatte auf meine Art sehr schnelle Erfolge, die sie manches Mal sogar tief beeindruckten. Es kam aber auch vor, dass ihr Zweifel auf mich übersprang, ich absolut nichts bewirkte und mich dann gegen meinen Willen beugte und um des lieben Friedens willen zu Medikamenten griff. Damit war ich zwar nicht zufrieden, aber ich wusste mir keine andere Lösung, vor allem deshalb, weil ich sie ja auch irgendwie verstehen konnte. Sabrina lebte in ihrer Wahrheit und ich in meiner und ich konnte nicht erwarten, dass sie die meine zu der ihren machte, auch wenn ich eine Kundin war.

Obwohl wir uns durchaus sympathisch waren und uns meistens um gegenseitiges Verständnis bemühten, konnten wir keine richtigen Freundinnen werden. Irgendwie war immer der Wurm drin in unserer Beziehung.

An einem Wochenende im April fand auf dem Reitplatz unseres Stalls ein Kurs mit unserem alten Trainer Markus statt. Ich hatte mich sehr darüber gefreut, dass auch unter den anderen Reitern das Interesse an seiner besonderen Art mit Pferden umzugehen aufgekommen war und

hatte mich sofort bereitwillig zur Teilnahme angemeldet. Zwar war es ein Anfängerkurs, doch meine Zeit mit Ninny lag lange zurück und bei meinem jungen Araber Bud konnte ich gut ein bisschen Hilfe brauchen. Bei bestem Frühlingswetter fanden sich am Samstagmorgen acht Pferde und deren Besitzer ein. Bud und ich waren auch darunter und mein Mann Christof stand, wie damals bei Ninny, als aufmerksamer Beobachter am Rande.
Markus erklärte jeweils die Übung, die wir mit unseren Tieren ausführen sollten, dann machten wir uns ans Probieren und er ging von einem Paar zum nächsten und gab Hilfestellungen.

Kurz nach unserem gemeinsamen Mittagessen passierte es dann. Bud hatte den Kopf bei meiner Schulter und ich war ganz in die Übung vertieft, bei der ich ihn durch leichten Druck meiner Hand dazu bewegen sollte, seine Hinterhand, also den Hintern und die Hinterbeine, von mir weg zu bewegen, während Kopf und Vorderbeine da bleiben sollten, wo sie waren.
Der Reitplatz war ein wenig eng für acht Pferde, so dass keine großen Abstände zwischen uns waren und meine Aufmerksamkeit war ganz bei Bud. So entging es mir gänzlich, dass er und Sabrinas Stute, die ebenfalls sehr jung war und mit der sie noch nie gearbeitet hatte, mit den Hinterteilen gefährlich nah aneinander gerieten.
Die junge Stute fühlte sich belästigt, vollführte einen schnellen Luftsprung und feuerte mit voller Wucht und beiden Hinterbeinen nach hinten aus. Offensichtlich hatte Bud die Bewegung im Augenwinkel wahrgenommen und machte blitzschnell einen Schritt zur Seite, so dass ich, die ich überhaupt nichts mitbekommen hatte, völlig ungedeckt hinter der Stute stand.

Sie traf mich in den linken Unterbauch. Ich fühlte einen starken Schmerz und ging zu Boden. Es kam mir vor, als wäre ich eine Ewigkeit dort gelegen. Ich fror erbärmlich, hatte schreckliche Schmerzen, Angst um mein Leben und Mühe, das Bewusstsein nicht zu verlieren. Als ich endlich mit dem Rettungswagen ins Krankenhaus gebracht wurde, stellte man dort wie durch ein Wunder fest, dass ich keinerlei innere

Verletzungen hatte und mein Mann durfte mich schon nach wenigen Stunden mit einem Rollstuhl zu unserem Auto bringen und nach Hause fahren.

Doch der Schock saß tief, seit langem hatte ich wieder einmal um mein Leben gefürchtet und konnte noch überhaupt nicht erkennen, warum mir das passiert war. An Zufall glaubte ich längst nicht mehr, aber es fiel mir sehr schwer, mich nicht als hilfloses Opfer zu fühlen und mich selbst zu bemitleiden. Heulend rief ich meine Mutter und meine Freundin Esther an und bat sie beide um eine Fernheilung und ihre Einschätzung der Situation. Doch sie konnten mir nicht weiterhelfen, waren selbst schockiert von der Nachricht.

Nach einer schlaflosen Nacht hatte ich am nächsten Morgen nicht die geringste Vorstellung davon, wie ich den Tag überstehen sollte. Der Schmerz tobte in meinem gesamten, sich langsam verfärbenden Oberkörper und auch mein linkes Bein war ziemlich beleidigt. Doch das konnte ich ertragen. Was ich nicht aushalten konnte, war meine innere Unruhe. Obwohl mir alles weh tat, konnte ich mich nicht still halten, ich hatte das dringende Bedürfnis, vor mir selbst davon zu laufen. Es war mir etwas passiert, vor dem ich geglaubt hatte, durch meine positive Lebenseinstellung gefeit zu sein. Und was noch viel schlimmer war, ich verstand überhaupt nicht, warum. Wo war meine Botschaft?

Ich fühlte mich wie der letzte Versager und war einfach nur verzweifelt. Obwohl ich mich nur unter äußersten Schmerzen und im Schneckentempo mühsam fortbewegen konnte, überredete ich meinen Mann, mich mit dem Auto über die Wiese zu unserem Reitplatz zu bringen, damit ich dem Kurs, an dem ich eigentlich hatte teilnehmen wollen, wenigstens zusehen konnte. Zu Hause hielt ich es nicht aus, ich brauchte dringend Ablenkung und, wenn ich ehrlich bin, ein wenig Mitgefühl und Aufmerksamkeit. Christof war zwar nicht begeistert, aber nachdem ich ihn fast zwei Stunden lang gequält hatte, gab er am späten Vormittag schließlich nach und fuhr mich zum Stall.
Dort angekommen, brachte er mir einen Stuhl zum Rand des Platzes und halb liegend halb sitzend konnte ich nun den anderen bei ihren

Übungen zusehen. Als Markus mich sah, unterbrach er sofort seine Erklärungen und eilte zu mir um sich nach meinem Befinden zu erkundigen. Ein paar der anderen winkten mir zu, Sabrina ignorierte mich.
Am Vorabend hatte sie noch mit Christof telefoniert und von ihm erfahren, dass ich nur leicht verletzt und schon wieder zu Hause war, doch nun machte sie nicht gerade den Eindruck, als wäre sie froh, mich einigermaßen wohlbehalten wieder zu sehen.

Eine Lektion wurde abgeschlossen, die Teilnehmer bildeten einen Kreis um Markus, der die nächste erklärte und jeder suchte sich erneut einen Platz zum Üben. Ohne mich auch nur eines Blickes zu würdigen oder mich zu grüßen, platzierte Sabrina sich mit ihrem Pferd unmittelbar vor meinem Sitzplatz. Mir blieb fast das Herz stehen, das war wirklich nicht sehr freundlich.
Nicht nur, dass sie mir so völlig die Sicht versperrte, ich war nun nur durch ein schmales und dünnes Brett von dem Tier entfernt, das mich erst gestern krankenhausreif geschlagen hatte. Ich war ziemlich immobil und konnte nicht einfach aufstehen und meinen Stuhl ein paar Meter verrücken. Obwohl ich wirklich indigniert war, bemühte ich mich um einen freundlichen Ton, als ich sagte:
„Bitte stell dich nicht mit diesem Pferd direkt vor mich".
Fast wäre ich von meinem Sessel gefallen, als sie mich anschnauzte:
„Das Pferd kann nichts dafür, du bist ganz alleine selbst schuld an dem, was dir passiert ist!"
Ich traute meinen Ohren nicht, konnte kein einziges Wort erwidern, aber dazu ließ mir Sabrina ohnehin nicht die Zeit. Hocherhobenen Hauptes war sie mit ihrer Stute zur gegenüberliegenden Seite des Platzes marschiert.
In den nächsten Minuten wurde ich Zeuge, wie sich das Unglück des Vortages beinahe noch einmal wiederholte. Völlig grundlos und überzogen feuerte das Pferd ein weiteres Mal aus und verfehlte mit ihren Hufen nur um wenige Zentimeter den Kopf einer Kursteilnehmerin. Laut schreiend schlug Sabrina auf die Stute ein, während die anderen Anwesenden ihr sprachlos zusahen. Ich saß auf

meinem Stuhl und zitterte. Mein Schock saß wieder so tief wie fast genau 24 Stunden zuvor und ich konnte nicht begreifen, was sich hier abspielte.

Schon bald darauf verkündete Markus die Mittagspause, doch meine Lektionen waren noch nicht zu Ende. Während Sabrina und die anderen mich nicht weiter beachteten, kam Renate zu mir, die Einstellerin, die ganz ohne mein Wissen mit ihrem Pferd meinen Kursplatz übernommen hatte.
Mitfühlend streichelte sie meinen Oberschenkel und fragte: „Na, wie geht's dir?"
„Geht schon", sagte ich kurz. Vor einer halben Stunde war es mir noch deutlich besser gegangen.
„Weißt du, das hättest du aber auch wissen können, dass es gefährlich ist, einen Hengst am Hintern einer Stute schnuppern zu lassen" sagte Renate altklug, während sie mir immer noch das Bein tätschelte und mich freundlich anlächelte.
„Buds Kopf war bei meiner Schulter, die Pferde standen Hintern an Hintern", sagte ich.
„Ja, ja, das hast du ja gar nicht mitgekriegt, die anderen haben es alle gesehen, wie es war", sagte Renate mit gespielter Fröhlichkeit, nahm ihr Pferd und verschwand ebenfalls in Richtung Stall.

Mir war so schlecht, dass ich befürchtete, mich übergeben zu müssen und bat Christof, mich sofort nach Hause zu bringen. Dort setzte ich mich auf den Lehnstuhl in meiner Praxis und weinte stundenlang hemmungslos. Jetzt war ich wirklich in der Opferhaltung und zwar so tief, dass nicht einmal ein Haarschopf mehr herausragte. Ich tat mir selbst unendlich leid. Warum nur wurde ich so behandelt? Was hatte ich ihnen allen getan?
Sabrina trug mindestens genauso viel Schuld wie ich. Auch sie hatte beim Üben übersehen, dass unsere Pferde sich gefährlich nahe gekommen waren, dafür war nicht ich alleine verantwortlich.
Und davon, dass ich meinen Hengst an der Stute hätte schnuppern lassen, konnte keine Rede sein. Man hätte dagegen Sabrina vorwerfen

können, dass es ziemlich gewagt war, ein Pferd zum ersten gemeinsamen Arbeiten auf einen überfüllten Reitplatz zu bringen, denn offenbar hatte sie selbst nicht gewusst, wie zickig die Stute war.
Ich als Geschädigte hatte jedoch keine Sekunde daran gedacht, die Schuldfrage zu stellen.
Auch wenn ich noch mit meinem Schicksal haderte, war mir doch klar, dass mein Unfall mit mir zu tun hatte und nicht mit dem Fehlverhalten anderer. Nie wäre es mir eingefallen, auf Sabrina böse zu sein, doch dass sie auf mich böse war, das war nun auch zu viel. Damit hatte ich wirklich nicht gerechnet, sonst hätte ich liebend gerne darauf verzichtet, in meinem Zustand in den Stall zu fahren. Jetzt fühlte ich mich erst richtig getreten. Die Stute gestern hatte nicht auf mich gezielt, die Menschen heute schon.

Tagelang hing ich in dieser Stimmung fest. Ich verkroch mich, war unendlich traurig und weinte immer wieder. Immerhin war ich in der Lage zu erkennen, dass ich mich in meinem Leid badete, doch ich war noch nicht bereit, damit aufzuhören. Da ich weder arbeiten, noch mich anderweitig sinnvoll betätigen konnte, verbrachte ich den Großteil des Tages in meinem Lieblingssessel und wälzte unaufhörlich die Frage nach dem „Warum“ in meinem Kopf herum.
Warum war mir das passiert und warum erntete ich statt Mitgefühl nur Schuldzuweisungen? Was hatte ich falsch gemacht, ich hatte mich doch immer bemüht.

Ich war immer ruhig geblieben, selbst dann, wenn Sabrina in ihrer oft so sturen und rechthaberischen Art alles andere machte, als mich wie eine Kundin zu behandeln. Stets hatte ich darüber hinweg gesehen, wenn sie ihre schlechte Laune an mir ausließ und auch dann, wenn ich hörte, dass sie nicht sehr nett über mich geredet hatte.
Ich hatte mich ihr gegenüber immer mehr als fair verhalten. Als ich ihr zum Beispiel den jungen Araber abgekauft hatte, hatte er sich zwei Tage vor dem vereinbarten Übergabetermin eine schwere Verletzung zugezogen. Wochenlang war nicht klar, ob er je wieder ein gesundes Pferd werden würde, sogar sein Leben stand kurzzeitig auf dem Spiel.

Trotzdem übernahm ich am Stichtag nicht nur das schwer verletzte Pferd zum vollen Preis, sondern auch die gesamten Tierarztkosten. Wenn sie Hilfe brauchte, weil sie selbst oder eines ihrer Tiere krank war, war ich stets sofort zur Stelle. Oft verrechnete ich gar nichts, meistens circa die Hälfte meines normalen Tarifes. Nachdem Sabrina meiner Arbeit gegenüber so skeptisch eingestellt war, wollte ich nicht, dass sie ihr auch noch teuer erschien. Mein Gedanke war, dass sie mich vielleicht öfter konsultieren würde und ich sie dadurch früher oder später davon überzeugen könnte, dass es gut war, was ich tat.
Dass ich mich bei der Behandlung meiner eigenen Pferde auch oft ihren Wünschen beugte, habe ich schon erwähnt.
Was hatte sie für einen Grund, so mit mir umzuspringen?

Nachdem ich mir alle meine guten Taten hundertfach selbst aufgezählt hatte, begann ganz langsam, die Erkenntnis zu mir durchzudringen. Die ganze Zeit hatte ich mir meine Frage selbst beantwortet, ich hatte es nur nicht bemerkt.

Ich wollte „die Gute" sein, Frieden verbreiten und verzeihen, die verlässliche und allseits beliebte Kundin wollte ich sein, ein echtes Vorbild. Das war das Bild, das ich von mir verkaufen wollte. Dabei versäumte ich es völlig, meine eigenen Bedürfnisse zu vertreten und meine Grenzen abzustecken. Ich bildete mir ein, friedlich zu sein, dabei verbog ich mich. Schließlich wertete ich auch noch selbst meine Arbeit ab, nur weil die anderen ihre eigene Meinung darüber hatten.
Und das alles hatte ich nicht aus freiem Herzen und reiner Liebe getan, sondern deshalb, weil ich mir Anerkennung erwartete. Obwohl ich genau wusste, dass eine gute Beziehung frei ist von Erwartungen, hatte ich nie damit aufgehört mir zu wünschen, Sabrina würde ihre Einstellung meinem Beruf und meiner Lebenshaltung gegenüber ändern. Ich hatte es noch nicht einmal erkannt, dass ich das wollte. In Wahrheit erwartete ich, Sabrina würde sich ändern, weil ich ihr so ein gutes Vorbild war. Das war keine friedliche Haltung, das war heuchlerisch und ganz und gar nicht spirituell. Kein Wunder, dass mir nicht gefiel, was ich da im Spiegel sah.

Auch wenn es nicht besonders schmeichelhaft war, was ich da gerade über mich herausgefunden hatte, fühlte ich mich gleich deutlich besser. Immerhin begann die Tragödie jetzt ein wenig Sinn zu machen. Doch ich spürte, dass ich noch nicht alles wusste, was ich daraus lernen konnte. Da war noch eine Botschaft und wie die erste lag sie bei genauerem Hinsehen eigentlich auf der Hand:
Wenn man von den allerersten Wochen absah, war ich in den ganzen Jahren, die meine Pferde nun in diesem Stall waren, nicht gerne dorthin gegangen. Oft hatte ich das Gefühl gehabt, eine ganz andere Welt zu betreten und nicht mehr ich selbst zu sein.
Obwohl ich meine Arbeit liebte und mich grundsätzlich über jeden Kunden freute, war mir immer mein leichter Widerwille aufgefallen, wenn ich Sabrina oder ihre Tiere behandelte. Es verletzte mich sehr, dass ich irgendwie immer den Eindruck hatte, sie würde sich denken: „Wenn sonst nichts hilft, kannst es du ja probieren."
Schließlich war es sogar so weit gekommen, dass ich mich jedes Mal richtiggehend dazu überwinden musste, meine Pferde zu besuchen. Wenn ich es irgendwie einrichten konnte, ging ich zu einer Zeit, in der ich wusste, dass ich niemanden antreffen würde. Meine Hündin Luzi musste in den Stall getragen werden, freiwillig ging sie nicht hinein. Während sie sonst sehr gesellig und unternehmungslustig ist und mich überallhin begleitet, begann sie schon kurz nach unserem Einzug in den Stall damit, sich vor dem Hoftor niederzusetzen und jeden weiteren Schritt zu verweigern. Auch sie wollte dort nicht hinein, nur im Unterschied zu ihr, wollte ich es mir nicht eingestehen.

Die ganze Zeit über hatte ich exakt das getan, von dem ich aus Erfahrung mehr als genau wusste, dass es gravierende Auswirkungen haben konnte: Ich hatte meine Gefühle verdrängt und ignoriert. Genau wie früher hatte ich mich dazu entschieden, die leisen Botschaften meiner Seele zu überhören und sie dadurch gezwungen, deutlicher zu werden. Immer noch hatte ich mein altes Muster nicht überwunden, dass ich ein Drama brauchte um zu lernen.
Zumindest dann, wenn es um mich selbst ging, waren meine Kanäle verstopft und meine Antennen ganz und gar nicht auf Empfang

gerichtet.

Als ich das erkannte, machte sich tiefe Erleichterung in mir breit. Endlich war ich auch dankbar dafür, dass mir eigentlich gar nichts passiert war. Dass keines meiner Organe verletzt worden war, grenzte an ein Wunder und hing ziemlich sicher auch damit zusammen, dass ich „zufällig“ kurz vorher meinen Darm gereinigt hatte, so dass mein Bauch weich und geräumig war.
Und ich war glücklich, dass ich zu guter Letzt doch noch verstanden hatte, worum es ging.

Jetzt konnte ich aufhören, mich als unschuldiges Opfer zu fühlen und in Zukunft würde ich auch damit aufhören können, im Stall eine Rolle zu spielen.
Sabrina war so wie sie war völlig in Ordnung, sie musste sich genauso wenig verändern wie ich, auch wenn das bedeutete, dass wir keine dicken Freundinnen werden konnten. Wir waren eben verschieden, na und?
Nie wieder würde ich etwas von ihr erwarten, was sie mir nicht geben konnte und meinerseits versuchen, ihr etwas aufzudrängen, das sie nicht haben wollte.

Doch was noch viel schöner war, ich konnte das Drama hinter mir lassen. Wenn ich nur ehrlich zu mir selbst war, brauchte ich meine Gefühle nicht zu unterdrücken. Von nun an würde ich meiner Seele schon zuhören, wenn sie mit mir flüsterte und nicht erst, wenn sie mich anschrie.

Ich beschloss, dass dies endgültig der letzte Auftritt der Dramaqueen gewesen sein sollte. Sie war alt und verrunzelt und niemand wollte sie mehr sehen. Es war höchste Zeit, sie endlich zu entlassen und neue Wege zu finden zu lernen, was ich lernen musste. Ein letztes Mal verneigte sie sich, sah den Vorhang fallen und verließ für immer die Bühne.

Sanftes Lernen

Ich erholte mich schnell von meinem Unfall und bald ging das Leben wieder seinen gewohnten Gang. Meine Praxis lief recht gut und mir fiel auf, dass ich beim Arbeiten offener geworden war. Mein Zugang zu den Menschen und zu den Informationen, die ich brauchte, um ihnen zu helfen, war eindeutig besser als vor dem Tritt in meinen Bauch. Auch wenn ich mich selbst betreffend eine Frage stellte, erhielt ich ausnahmslos sehr rasch eine Antwort.
Ich fühlte mich geführt und begleitet und irgendwie freier als noch Wochen zuvor. Es schien mir fast, als hätte das Pferd eine ganze Menge unnötigen Ballast aus mir herausgetreten. Von Sabrina hatte ich mich distanziert, aber ich war ihr nicht mehr böse. Auch sie bemühte sich um einen freundlichen Umgangston.

Mein Mann Christof hatte sich inzwischen selbständig gemacht und sein Geschäft war gut angelaufen, so dass wir jetzt zwar mehr gemeinsame Freizeit aber trotzdem keine Geldsorgen hatten. Es lief alles so gut, dass es besser eigentlich gar nicht mehr gegangen wäre. Wochenlang schwebte ich wie auf Wolken, so glücklich war ich, doch schon bald durchlebte ich völlig grundlos immer wieder auch Phasen, in denen ich mich leer fühlte und mich selbst nicht leiden konnte. Ich hatte dann das Gefühl, dass ich nicht genügend leistete. Mal war mir meine Arbeit nicht gut genug, mal kam es mir so vor, als ob ich viel zu wenig Menschen damit erreichte. Es störte mich auch, dass ich finanziell noch von Christof abhängig war, weil ich zu wenig verdiente.
Ein Teil von mir wollte mehr. Mehr Erfolg, mehr Geld, mehr Anerkennung. Ich war nach wie vor nicht dazu in der Lage, mir über einen längeren Zeitraum selbst all das zu geben, was ich brauchte und begann wider besseres Wissen immer wieder im Außen nach meinem Glück zu suchen.

Seit ich denken kann, habe ich irgendetwas gesucht und wusste nicht was. All meine Erfolge und erfüllten Wünsche konnten mich nicht glücklicher machen. Dann begab ich mich auf den spirituellen Weg und begann im Innen zu suchen, wodurch sich sehr viel veränderte. Ich wurde gesund, verlor den Großteil meiner Ängste, fand eine Arbeit, die mir viel Freude macht, gewann unzählige Freunde und konnte mich bald sogar selbst ein bisschen leiden. Doch ich war noch nicht am Ziel.

Bis vor wenigen Jahren fühlte ich mich in jeder Sekunde, in der ich nicht schlief getrieben und es war mir wichtig, nur Dinge zu tun, die mir sinnvoll erschienen. Wann immer es mir möglich war, machte ich mehrere Sachen auf einmal.
Am schlimmsten war es während des Studiums. Ich war etwa 40 Stunden pro Woche in Vorlesungen und praktischen Übungen auf der Uni, wenn ich einigermaßen vorbereitet sein wollte, brauchte ich etwa noch einmal so viel Zeit zum Lernen und um überhaupt hin zu kommen, saß ich zwei Stunden täglich im Auto. Ich schlief maximal sechs Stunden, den Haushalt erledigte ich im Eilverfahren und mein Mann beanspruchte glücklicherweise nichts von meiner kostbaren Zeit, weil er ohnehin in der Firma war.
Da ich am besten über das Hören lernte, las ich laut und nahm dabei alles auf Kassetten auf, die ich mir beim Autofahren und bei der Hausarbeit vorspielte. Musste ich im Supermarkt oder anderswo warten, rezitierte ich Lernstoff und zählte nebenbei die Minuten, die mir schon wieder verloren gingen.
Nach meinem Abschluss wurde es ein wenig besser, aber gewinnbringende Beschäftigung machte ich mir nach wie vor zur Pflicht. Entspannung war nicht erlaubt. Ich las keine Romane, nur Sachbücher, bei denen ich auch etwas lernte und wenn ich in der Sonne lag, dann nur um braun zu werden und mit auf Hochtouren laufenden Gehirnwindungen.
Als ich begann, mich mit esoterischen Themen zu beschäftigen, lernte ich ganz langsam, meinen Geist zu beruhigen. Ständig übte ich hart, nichts zu forcieren. Wenn ich eine geschäftliche Flaute hatte, trainierte ich (gerade lache ich über das Wort, aber es war wirklich ein Training), meine Tage nicht zu planen. Morgens ging ich mit dem Hund los und schaute, wohin es mich trieb. Manchmal wanderte ich stundenlang im

Wald herum und lernte Ameisen kennen, ein anderes Mal verwickelte mich ein alter Mann in ein ausführliches Gespräch über Belanglosigkeiten, das ich überraschend genoss.

Nach und nach lernte ich, nichts zu tun und dabei auch nichts zu denken. Und ich begann, diese ruhigen Phasen und mich selbst in einer solchen zu schätzen. Doch immer nur für eine gewisse Zeit. Ein paar Tage, vielleicht eine Woche hielt ich das aus, dann wurde ich zunehmend unruhig. Ich begann nachzudenken, was ich tun könnte, um Klienten zu akquirieren. Vielleicht eine Anzeige schalten oder sollte ich mir erst mal eine neue Praxis suchen? Es könnte ja sein, dass ich deswegen so wenig zu tun hatte, weil die Leute sich davon gestört fühlten, dass ich sie in meinem Wohnhaus behandelte.
Wenn mich diese oder ähnlich sinnvolle Überlegungen nirgendwo hinführten, gab es nur noch einen Ausweg. Ich setzte mich vor meinen Computer und suchte im Internet nach Büchern, damit ich meine Zeit zumindest damit füllen konnte, mein Wissen zu erweitern.

Wenn ich ganz ehrlich zu mir war, steckte dieses Muster immer noch in mir drin. War es überhaupt schwächer geworden? Schließlich fühlte ich mich manchmal sogar dann getrieben, wenn ich ohnehin genug Kunden hatte. Dann wollte ich eben mehr.

Wie es aussah, gab es schon wieder ein Thema zu bearbeiten. Es war mir bereits aufgefallen, dass im Laufe der Jahre, in denen ich mich zunehmend selbst fand, die einzelnen Lernprozesse in immer kürzeren Abständen aufeinander folgten. Ich konnte sie zwar viel schneller auflösen, doch das bedeutete nicht, dass ich danach eine längere Ruhepause hatte, ganz im Gegenteil. Meist war eine Lektion gerade verdaut, da kam schon die nächste auf mich zu.

So war es auch jetzt. Immer noch war ein leichtes Ziehen im Unterbauch mein ständiger Begleiter und es fiel mir noch keineswegs immer ganz leicht, mich auch dann völlig authentisch zu verhalten, wenn ich mich, so wie im Stall, unter Menschen bewegte, für die mein „Anderssein“ nicht selbstverständlich war. Ich hätte in dieser Angelegenheit gut noch

ein wenig Übungszeit gebrauchen können, doch offensichtlich waren meine Seele, meine geistigen Helfer oder wer auch immer der Meinung, dass es schon weiter gehen sollte.
Diesmal stand Loslassen auf dem Stundenplan, denn es störte mich erheblich, dass ich meine Selbstliebe immer noch von Geld und Erfolg abhängig machte, zumindest phasenweise. Ich hatte mir selbst versprochen, meine Gefühle nicht mehr zu ignorieren und immer ehrlich zu mir zu sein. Diesmal hatte ich keine Lust zu warten, bis der Leidensdruck größer wurde. Obwohl mir nicht wirklich klar war, wie ich die Sache angehen wollte, deklarierte ich als ersten Schritt im Geiste, dass ich verstanden hatte, was es zu lernen gab und dass ich meine Augen nach Hinweisen offen halten wollte.

Schon am nächsten Tag erklärte mir mein Mann Christof beim Abendessen, dass er schon zufrieden sei mit seiner neuen Firma, dass sich ihm aber trotz der guten Aufträge oft die Frage aufdrängte, ob es denn auch in Zukunft so weitergehen würde. Er gestand mir, dass er immer dann, wenn er gerade einen neuen Kunden hatte gewinnen können, zwei bis drei Tage überglücklich war und sich dann ganz langsam wieder Ängste in seine Gedanken schlichen.
Vielleicht hatte er sich erwartet, dass ich ihn trösten und ihm gute Ratschläge geben würde, doch diesmal konnte ich ihm nur sagen, dass er mir aus der Seele sprach. Er hatte genau das gleiche Problem wie ich. Es fehlte uns einfach an Vertrauen und das nervte mich, wir sollten es eigentlich beide besser wissen.
Konnte es wirklich wahr sein, dass wir mit all unserem Wissen genau wie alle anderen immer noch dem Geld hinterher rannten? Hatten wir es, nach allem was wir erlebt hatten, wirklich nötig zu fürchten, dass wir zu kurz kommen würden? Es schien so, als suchten wir zwanghaft nach etwas, das uns davor bewahrte, wunschlos glücklich sein zu müssen. Warum konnten wir nicht einfach dankbar sein für das, was wir hatten und endlich Ruhe finden?

Ich war wirklich wütend und begann, aufgeregt und laut zu lamentieren: „Ich weiß genau, was du meinst, weil es mir ganz genauso geht und es

regt mich so auf, dass ich es gar nicht sagen kann. Wie kann man nur so blöd sein? Ich habe so viele Bücher gelesen und ich weiß genau, dass man das, was man auf Biegen und Brechen haben will, ganz bestimmt nicht bekommt. Wünsche werden nur erfüllt, wenn man sie loslassen kann, weil überhaupt nichts mehr geht, wenn man so verbohrt ist.
Fast täglich predige ich es den Leuten: loslassen, loslassen, loslassen. Das Leben muss im Fluss bleiben. Annehmen und loslassen. Annehmen und loslassen.
Nur was hilft mir das alles, wenn ich zu blöd bin, es einfach zu tun. Ich habe so viel probiert, um nicht mehr zu wollen, dass ich erfolgreich bin, aber ich schaffe es einfach nicht. Ständig lüge ich mir nur selbst in die Tasche. Wenn ich mir einrede, dass ich trotzdem glücklich bin, komme ich mir vor, wie diese Frauen in mittleren Jahren, die händeringend einen Partner suchen, ganz egal welchen, und aller Welt verkünden: „Ich genieße es, Single zu sein!"
Na klar, ich genieße es auch, ich liebe es, eine Heilerin zu sein, die keinen Erfolg hat, die jede Woche wieder hoffen muss, dass vielleicht ein paar Leute anrufen. Ich liebe es, zu wissen, dass ich den Erfolg von mir wegschiebe, wenn ich meinen inneren Frieden von ihm abhängig mache, aber ich kann ihn nicht loslassen. Verstehst du, ich kann es einfach nicht, weil ich erfolgreich sein will und ja doch nicht in der Wahrheit bin, wenn ich so tue, als wäre es anders. Es ist zum Kotzen, dass ich nicht draufkomme, wie dieses verdammte Loslassen geht! Wahrscheinlich gibt es im gesamten Universum niemanden, der es kann."

Inzwischen war ich aufgesprungen und rannte in unserem Wohnzimmer auf und ab, während ich lautstark vor mich hin schimpfte. Christof war ganz still geworden. Er schaute mich einfach nur an und hörte mir zu. Als ich endlich meinen Mund hielt und es eine Sekunde ruhig war im Raum, hörte ich etwas, nein, ich hörte es nicht, ich sah es auch nicht, ich nahm es mit all meinen Sinnen gleichzeitig wahr.
Da war ein Wesen neben mir. Im selben Moment, als ich es bemerkte, wusste ich, dass es schon die ganze Zeit da war und mir zugeschaut hatte. Es lachte schallend, aber keineswegs bösartig. Es verspottete

mich nicht, war einfach nur belustigt von meinem Verhalten. Und es sagte einen einzigen Satz: „Hast du jetzt immer noch nicht verstanden, dass es genau das Gleiche ist, wie mit deiner Chemotherapie?“

Ich stand wie vom Donner gerührt da. Ich kann nicht beschreiben, was ich fühlte in diesem Moment. Ich war selig, durchdrungen von Liebe, Erkenntnis und Dankbarkeit, es war einfach überwältigend. Tränen rannen mir über das Gesicht und ich brauchte mehrere Minuten, bis ich meinem verdutzten Mann erklären konnte, was mit mir los war. Niemals zuvor hatte ich so deutlich ein geistiges Wesen gespürt und diese tiefe Liebe, Freude und Leichtigkeit empfangen, die es ausstrahlte. Dieser eine Satz war genau auf mich zugeschnitten, kein anderer Mensch auf der Welt hätte ihn verstanden.
Für ein paar Augenblicke hatte ich mich in einem Zustand ganzheitlicher Wahrnehmung befunden. Genau wie das Wesen selbst hatte ich auch diesen Satz gehört, gesehen, gefühlt und gewusst. Jede Zelle meines Körpers verstand augenblicklich, was er bedeutete und indem ich diese Bedeutung erfasste, fiel eine Last von mir ab. Ich war unendlich dankbar.
Langsam fasste ich mich wieder und versuchte, Christof an meiner Erfahrung teilhaben zu lassen.

Schon lange beschäftigte ich mich mit dem Thema Krebs, den Entstehungsursachen für diese Krankheit und den verschiedensten Behandlungsmethoden. Aus meinem Studium kannte ich die schulmedizinischen Ansätze, doch sie ließen mir zu viele Fragen offen. In der Familie meines Vaters war viele Generationen lang beinahe jede Frau an Krebs gestorben, meine Großmutter war bereits Anfang dreißig erkrankt und sehr jung verstorben. In meiner Praxis wurde ich oft Zeugin davon, wie jemand, der sich bis zu einer Routineuntersuchung völlig gesund gefühlt hatte, diese Diagnose bekam, sich in schulmedizinische Therapie begab und in rasendem Tempo verfiel. Ich konnte mich einfach nicht anfreunden mit Chemotherapie, Bestrahlung und Co, weil die Nebenwirkungen mir einfach zu gravierend erschienen. Ich war der Meinung, die Medizin verstoße mit derartigen Therapien

gegen ihre eigenen Grundsätze.
Im Studium hatte ich den Satz „primum non nocere“ gehört, der bedeutet, dass man als Arzt, in meinem Fall als Tierarzt, zu allererst darauf zu achten hat, dem Patienten nicht zu schaden mit dem, was man tut. Bei der klassischen Krebsbehandlung kam es mir fast so vor, als schade sie in erster Linie und als Nebeneffekt wurde manchmal der Tumor kleiner.
Es liegt mir fern, die Schulmedizin zu verteufeln, weil ich weiß, dass alles, was existiert, auch gebraucht wird. Doch ich verbrachte in meinem Leben viele Tage und Nächte damit, darüber nachzudenken, was Ärzte bewegt, solche zerstörerischen Therapien anzuwenden und Patienten, sie für sich in Anspruch zu nehmen. War es die bloße Verzweiflung, der Mangel an sinnvollen Alternativen, Geschäftemacherei und blindes Vertrauen? Oder steckte noch etwas ganz anderes dahinter?

Nach langem Überlegen kam ich für mich zu dem Ergebnis, dass alles nur eine Folge der Lebenshaltung des modernen Menschen ist. Die meisten von uns haben vergessen, dass sie göttliche Wesen sind. Sie fühlen sich isoliert, einsam und wertlos und glauben, für alles im Leben kämpfen zu müssen.
Sie können sich nicht vorstellen, dass Gesundheit ein naturgegebener Zustand ist, den sie sich nicht verdienen müssen. Sie nehmen es als nahezu selbstverständlich hin, dass sie krank werden und wenn es soweit ist, erscheint es ihnen nur logisch, für die Wiedererlangung der Gesundheit, genau wie für alles andere, einen harten Kampf zu führen. Sie tun das Unfassbare, sie schlucken Gifte und leiden um gesund zu werden, denn je härter sie kämpfen, umso wahrscheinlicher werden sie eine Belohnung erhalten und umso leichter können sie es sich selbst erlauben, das Geschenk der Gesundheit dann auch anzunehmen.
Nur wenn sie alles gegeben haben, sind sie es wert gesund zu sein. Die meisten Menschen sind masochistisch, wollen leiden, um sich wertvoller zu fühlen. Einen anderen Ausweg aus ihrer Misere kennen sie nicht. Sie sind der Meinung, dass das Leben so kompliziert ist, dass sie das, was sie erreichen wollen, in seinem Gegenteil suchen. Sie glauben, dass der einfachste Weg zu Gesundheit über giftige Substanzen führt.

So weit war ich schon gekommen mit meinen Forschungen über Krankheit und Gesundheit und ich war mir sicher, dass ich richtig lag. Doch ein weiteres Mal hatte ich übersehen, dass gültige Gesetzmäßigkeiten einfach auf andere Bereiche übertragen werden können. Das war es, was mein fröhlicher Freund aus der anderen Dimension mit seinem einen Satz gemeint hatte.

Wir Menschen liefen nicht nur mit Vollgas in die entgegengesetzte Richtung, wenn es um unsere Gesundheit ging, sondern auch, wenn wir nach Glück und Erfolg strebten. Um unseren Selbstwert zu erhöhen und unsere masochistischen Bedürfnisse zu befriedigen, wollen wir es uns so schwer wie nur immer möglich machen. Wir wagen es nicht, die Geschenke des Universums einfach anzunehmen.
Glück, Erfolg, Freude, Gesundheit, Fülle und Liebe stehen uns von Natur aus zu, wir müssen sie nur annehmen.
Je mehr wir uns anstrengen, umso weniger davon werden wir bekommen, weil Kampf und Anstrengung das Gegenteil von all dem ist, was wir suchen. Das große Geheimnis liegt darin, den Kampf endlich aufzugeben.

Mit meinem neuen Verständnis war es so offensichtlich. Überall wo ich hinblickte, bekam ich die Bestätigung dafür, dass es sich wirklich so verhielt. Lebten mir nicht alle meine Mitmenschen vor, dass sie umso unglücklicher wurden, je mehr sie sich anstrengten?
Nur die wenigen, die ich kannte, die mit offenem Herzen das taten, was ihnen Freude machte und dabei trotzdem noch darauf achteten, auch genügend Zeit für Erholung zu haben, waren glücklich.

Ich wusste plötzlich, dass ich jetzt würde loslassen können. Es würde sich sicher kein schlechtes Gewissen mehr melden, wenn ich keine Leistung erbrachte. Jetzt war endlich der Punkt erreicht, an dem mein Verstand soweit überzeugt war, dass auch er bereit war damit aufzuhören, sich dem Rest von mir entgegenzustellen.

Nach der Erfahrung aus meinem eigenen Leben und der Arbeit mit Klienten, liegt es fast immer am Verstand, wenn etwas partout nicht in

die Praxis umgesetzt werden kann. Sehr oft sagt jemand zu mir: „Ich weiß genau, wie ich mich verhalten sollte, aber ich schaffe es einfach nicht."
Diese Menschen haben in der Regel den Wunsch, dass ich durch meine medialen Fähigkeiten in ihrem Unterbewusstsein nach etwas suche, das ihre Blockade bei der praktischen Umsetzung erklärt, vielleicht ein tragisches Erlebnis in der Kindheit oder einem Vorleben, das noch in irgendeiner Form abgespeichert ist. Im Gespräch zeigt sich dann aber meistens, dass der Intellekt nicht restlos überzeugt ist und dagegen arbeitet, es also durchaus um bewusste Prozesse geht.

In der Heilarbeit bin ich fast bei jedem Klienten mit einem derartigen Problem konfrontiert, weil es kaum jemanden gibt, der gleich von Anfang an für sich annehmen kann, dass es leicht ist gesund zu werden. Mein Rezept ist immer das gleiche. Nicht kämpfen, sondern diesen Teil des Bewusstseins genauso liebevoll annehmen und schrittweise mit Argumenten füttern.
Fast niemand erlaubt es sich, von einem Moment auf den anderen komplett umzudenken und quasi mit einem Handstreich geheilt zu sein. Kleine Schritte lässt dagegen beinahe jeder zu und von ganz allein ist irgendwann auf einmal der Durchbruch da.

Bei mir war es ganz genauso gewesen. Jetzt erkannte ich, dass es mir nur deswegen nicht gelungen war loszulassen, weil ein Teil meines Verstands zu stark davon überzeugt gewesen war, dass Anstrengung der einzige oder zumindest der kürzeste Weg zum Erfolg war. Das war jetzt anders. Gemeinsam mit meinem geistigen Helfer hatte ich ihn endlich überzeugen können.

Ich freute mich riesig. Über diese neue Erkenntnis und darüber, dass sie mir einfach zugeflogen war. Weder hatte ich meditiert noch mich besonders mustergültig verhalten. Eigentlich hatte ich mich wie ein trotziges Kleinkind aufgeführt, aber mir war eben danach gewesen.
Ein weiterer Beweis dafür, dass es immer das Beste ist, sich einfach nicht zu verstellen und zu tun, wonach einem ist. Dann wird man reicher belohnt, als man es sich je vorstellen könnte.

Es stand für mich völlig außer Zweifel, dass diese ganz besondere Unterhaltung nie stattgefunden hätte, wenn ich sie mir gewünscht und auf irgendeine Art hätte herbeiführen wollen. Zwar hatte ich am Vortag erklärt, dass ich bereit war dazu zu lernen und um Hinweise gebeten, aber ich hatte unbewusst sofort danach losgelassen und in keinster Weise auf irgendetwas gewartet. Man hatte mir eindrucksvoll gezeigt, dass dies ein guter Weg war.

Nur wenige Tage später bekam ich das nächste große Geschenk, mit dem ich nie gerechnet hätte. Über ein Internetnetzwerk war ich auf eine Gruppe von Energetikern ganz in meiner Nähe gestoßen, die sich regelmäßig verabredeten um sich auszutauschen. Völlig frei von jeglichen Erwartungen fuhr ich dort hin.
Ich traf auf etwas mehr als eine Handvoll sehr netter Frauen, die alle in irgendeiner Form heilerisch tätig waren. Zum Beispiel war da eine Ernährungsberaterin, eine Bachblütentherapeutin und eine Naikan-Leiterin. Das hatte ich noch nie gehört, doch was sie von ihrer Arbeit erzählte, klang sehr interessant. Sie erklärte, dass Naikan eine japanische Form der Innenschau wäre, die sie meistens in Form einer ganzen Naikan-Woche anböte.

Die Teilnehmer verbringen dabei die ganze Zeit im Schweigen. Jeder hat seinen Übungsplatz, der durch Paravents abgegrenzt ist und an dem sich neben einer Matratze und einem Sitzkissen überhaupt keine persönlichen Gegenstände befinden. Der Übende ist für sieben Tage völlig mit sich alleine und von allem getrennt, was für gewöhnlich sein Leben ausmacht. Auch sein Essen wird ihm zum Platz gebracht und er nimmt es alleine ein. Vom Leiter bekommt er Vorgaben, worüber er nachdenken beziehungsweise meditieren soll, dann entfernt sich der Leiter wieder um nach circa einer Stunde für ein ganz kurzes Gespräch zurückzukommen, an dessen Ende die nächste Vorgabe steht. So geht es die ganze Woche.

Stefanie, so hieß die Frau, erzählte uns, wie verändert sie bereits aus ihrem ersten Naikan-Erlebnis hervorgegangen war. Sie war so fasziniert gewesen, dass sie sich sehr schnell dazu entschlossen hatte, sich selbst

zur Leiterin ausbilden zu lassen.
Nachdem wir uns alle nach ihren Schilderungen noch nicht ganz genau vorstellen konnten, wie das Ganze ablief, zeigte sie es uns an einem kurzen Beispiel:

Sie bat uns alle, die Augen zu schließen und sagte, dass wir zurückdenken sollten an den Zeitraum unseres Lebens zwischen der Geburt und unserem sechsten Lebensjahr. Wir sollten uns vor allem auf die Interaktionen mit unserer Mutter beziehen. Dann gab sie uns drei konkrete Fragen, mit denen wir uns beschäftigen sollten:
Was hat eure Mutter in dieser Zeit für euch getan?
Was habt ihr für eure Mutter getan?
Was für Schwierigkeiten hatte eure Mutter durch euch?
Dann schwieg Stefanie und ließ uns mit unseren Gedanken alleine.

Ich muss gestehen, dass ich mir sofort vornahm, einfach ruhig abzuwarten, bis die anderen ihre Innenschau abgeschlossen hatten. Ich hatte in den vergangenen Jahren mein Verhältnis zu meinen Eltern so oft durchgekaut und überdacht, dass ich mir sicher war, nichts Neues mehr darüber in Erfahrung bringen zu können.
Doch ganz automatisch und ohne meinen Willen zog es meine Aufmerksamkeit auf diese drei Fragen. Zu der ersten fiel mir zu allererst ein, was meine Mutter alles für mich gebastelt und genäht hatte. Als ich klein war, hatten meine Eltern sehr wenig Geld, doch dem Erfindungsreichtum und der Geschicklichkeit meiner Mutter hatte ich es zu verdanken, dass es mir an nichts fehlte.
So hatte sie mir zum Beispiel aus lauter Schuhkartons ein entzückendes Puppenhaus gebastelt. Jeder Schuhkarton war ein Zimmer, die Wände waren mit Geschenkpapier tapeziert und aus Zigaretten und Zündholzschachteln entstanden die Möbel, die ebenfalls mit Papier überzogen und bemalt wurden. Außerdem gab es Polstermöbel, Vorhänge und Teppiche aus Stoffresten.
Auch meine gesamte Kleidung nähte meine Mutter selbst, doch nicht nur die Alltagskleidung, die ich unbedingt brauchte, sondern auch fantastische Faschingskostüme, jedes Jahr ein anderes.

Wie ich da auf meinem Holzstuhl saß, erschienen so viele Bilder vor meinem geistigen Auge. Nie hätte ich gedacht, dass ich mich an so viele kleine Details erinnern konnte. Ich wusste genau, wie die einzelnen Zimmer meines Puppenhauses ausgesehen hatten oder die Ärmel meines Prinzessinenkleides.
Aber ich sah auch Bilder von meiner Mutter beim Basteln und beim Nähen und konnte spüren, mit wie viel Hingabe sie das alles für mich machte.

Mich gedanklich mit der zweiten Frage zu beschäftigen gelang mir überhaupt nicht, sofort zog es mich zur dritten. Es war wirklich faszinierend, wie schnell durch das bloße Augenmerk die Informationen zu fließen begannen. Mit verblüffender Klarheit konnte ich die Schwierigkeiten wahrnehmen, die meine Mutter durch mich hatte, genauso, als wären es meine eigenen gewesen.

Ich hatte sie völlig aus ihrem alten Leben herausgerissen. Sie war so unbeschwert gewesen, hatte einfach in den Tag hineingelebt. Sie trug etwas in sich, was ich nie gehabt hatte. Erst jetzt war ich dabei, es mir Schritt für Schritt zu erarbeiten: Sie hatte Vertrauen ins Leben. Angst und Panik waren ihr völlig fremd. Erst durch mich musste sie sich damit auseinandersetzen. Vielleicht nicht mit Panik, das wäre zu viel gesagt, aber doch mit verschiedenen Ängsten. Ich zwang sie zu planen und an die Zukunft zu denken, sich auszumalen, wie es weitergehen würde.
Und da war noch etwas, was ich in ihr Leben brachte. Durch mich hatte sie Angst, meinen Vater zu verlieren. Ich veranlasste sie dazu, sich Dinge gefallen zu lassen, die sie sich früher nie hätte gefallen lassen.
Es war wirklich unglaublich, wie deutlich ich ihren Standpunkt sah. Es gab überhaupt keine Grenze zwischen mir und meiner Mutter von vor dreißig Jahren.

Doch plötzlich fühlte ich wieder meine eigenen Gefühle dieser Zeit. Auch ich hatte mich durch sie sehr oft gestört gefühlt. Sie riss mich regelmäßig aus meiner eigenen Welt heraus. Verblüfft stellte ich fest, welch starker Widerwille in mir aufkam, wenn ich spielte und sie mich unterbrach, um mich zum Einkaufen mitzunehmen.

Gerade war ich noch völlig versunken in einer Phantasiewelt und fühlte mich frei und glücklich, schon saß ich im Kindersitz auf dem Mofa meiner Mutter und fürchtete um mein Leben. Der Sitz bestand nahezu nur aus einer einzigen Metallstange auf Höhe meines Hosenbundes, an der ich mich verzweifelt mit beiden Händen festklammerte, während ich beide Augen krampfhaft geschlossen hielt. In meinem Kopf liefen Horrorfilme, in denen ich mit einem meiner Füße in die Speichen geriet und wir stürzten.
Auch das Essen mit der Familie empfand ich als sehr störend. Meistens war ich froh, wenn ich von meinen Eltern möglichst wenig sah und hörte. Ich war am liebsten allein.

Schon begann Stefanie wieder zu sprechen, die Zeit war um, schließlich handelte es sich nur um eine ganz kurze Demonstration ihrer Arbeit. Mir fiel es sehr schwer, mich wieder am allgemeinen Geplauder zu beteiligen. Ich war immer noch völlig überwältigt davon, zu wie vielen Informationen ich in dieser kurzen Zeit so leichten Zugang bekommen hatte und davon, wie stark ich mit meiner Mutter verbunden war und wie sehr wir uns spiegelten.
Gegenseitig hatten wir uns immer wieder aus unserer heilen Welt herausgerissen, obwohl jede für die andere der wichtigste Mensch gewesen war. Wir wollten nicht so richtig zusammen sein, zumindest nicht für lange, und brauchten beide sehr viel Zeit für uns selbst. Doch getrennt zu sein war auch nicht wirklich angenehm und der Moment des Abschieds war nahezu nicht auszuhalten.
Je mehr ich weiter zurückdachte, umso mehr brachte ich in Erfahrung und mit jeder Kleinigkeit, die mir einfiel, wurde mir klarer, dass ich nur in den Spiegel schaute, wenn ich meine Mutter betrachtete.

Ich war dankbar, dass ich die Naikan-Methode kennengelernt hatte und war beeindruckt von ihrer Passivität. In keinster Weise mischt sich der Leiter in die Prozesse ein, man brauchte sich ihm nicht anzuvertrauen, wie jedem anderen Therapeuten. Er gibt nur einen kleinen Anstoß und alles andere passiert von ganz alleine. Ich für mich würde zwar keinen Naikan-Leiter brauchen, ich konnte mir meine Fragen auch selbst stellen, aber ich hatte eine wirklich wertvolle Anregung erhalten und mich wieder ein Stückchen besser kennengelernt.

Bei der Heimfahrt und beim anschließenden Spaziergang mit meinem Hund ging mir die Sache nicht aus dem Kopf. Ich beschloss, das Ganze noch einmal zu probieren, das Augenmerk aber diesmal auf meinen Vater zu lenken. Sicher gäbe es auch hier Spannendes herauszufinden. Ich zog mich in meine Praxis zurück und fing sofort an.
Wieder betrachtete ich meine ersten sechs Lebensjahre und orientierte mich an den gleichen drei Fragen. Was hatte mein Vater für mich getan, was ich für ihn und welche Schwierigkeiten hatte ich ihm bereitet?

Als ich die Augen schloss, sah ich, passend zur ersten Frage, kurz ein Bild von meinem Vater und mir, an seinem Tisch in unserem Wohnzimmer sitzend. Offensichtlich versuchte er mir das Zeichnen beizubringen, doch ich war nicht wirklich interessiert. Es gelang mir nicht, die Situation genauer zu betrachten, es zog mich nahtlos weiter zur dritten Frage.

Ich sah meinen Vater vor meinem Kinderbett stehen, ein Bett aus geflochtenem Korb. Es war eines der ersten Male, das er mich eingehend betrachtete. Ich hatte die Augen geschlossen, öffnete sie dann jedoch und sah ihn an.
Da war eine Ablehnung in unser beider Blick.
Es dauerte erstaunlich lange, bis ich zu weinen begann und die Szene dadurch unterbrochen wurde, dass meine Mutter mich aus dem Bett hob.

Auch mein erwachsenes Ich hatte zu weinen begonnen, es berührte mich tief, was ich gerade gespürt hatte und was für eine weitreichende Bedeutung es hatte. Wie schon so oft zuvor überwältigte es mich, wie viel man in einem einzigen kurzen Moment über sich selbst und das Leben erfahren konnte. Dieses eine Bild, dieser eine Blickwechsel zwischen meinem Vater und mir eröffnete mir etwas, was ich nie zuvor bemerkt hatte.

Mein Vater trug genau den gleichen Zentralkonflikt in sich wie ich.

Immer wieder wurde er unbegründet abgelehnt. Er gab stets sein Bestes und hatte trotzdem nie das Gefühl, bedingungslos geliebt zu werden. Er kam sich vor wie ein ewiger Störfaktor und sein inneres Kind war verzweifelt. Genau wie ich hatte er trotz all seiner verzweifelten Bemühungen in seiner Kindheit nie die Liebe und Anerkennung bekommen, die er sich so sehnlichst gewünscht hatte und genau wie ich wurde er später, aufgrund von banalen Äußerlichkeiten, auch von seinen Schwiegereltern rigoros abgelehnt.

Ich verstand, warum ich in seinem Leben war und er in meinem. Wir brauchten einander, um uns ständig gegenseitig unseren tiefsten Konflikt zu spiegeln, damit wir ihn beide nach vielen Leben endlich auflösen konnten.
Von unserer allerersten Begegnung an war klar, dass wir zwei es schwer haben würden uns zu lieben, weil wir uns spiegeln mussten. Er musste mich ablehnen, ohne dass ich etwas dafür konnte und ich ihn ebenso. Unsere Seelen hatten es so vereinbart.

Natürlich wird jeder von seiner gesamten Umgebung gespiegelt, doch mein Vater war von allen Menschen mein wichtigster, mein größter und mein tiefgehendster Spiegel. Auf einmal wusste ich, er war genau wie ich und wenn es mir nicht gelingen würde, ihn aus tiefstem Herzen zu lieben und anzunehmen, würde ich mich nie wirklich selbst lieben können.

Wenn es zu diesem Zeitpunkt noch irgendetwas gegeben hatte, was ich meinem Vater verübelte, fiel es in diesem Moment von mir ab. Eine uralte Wunde in meinem Herzen konnte endlich heilen. Ich war voller Liebe für ihn und voller Dankbarkeit für den Dienst, den seine Seele der meinen erwies. Hauptsächlich durch ihn hatte ich mich auf diese Art und Weise entwickelt und wenn ich gelitten hatte, litt er mit mir. Wahrscheinlich war es ihm in jeder Sekunde, die wir gemeinsam verbrachten, genauso gegangen wie mir. Wir mochten uns beide selbst nicht, doch wenn wir zusammen waren, mochten wir uns, jeder für sich, am allerwenigsten.

Wie verknüpft doch alles war und wie viel Unterstützung wir hatten. Wie viel Perfektion doch hinter einer schmutzigen Fassade stecken kann und wie göttlich jeder einzelne von uns ist.

An diesem Nachmittag war ich mir sicher, dass ich jetzt alles wusste, was ich wissen musste und dass ich gar nicht mehr glücklicher hätte sein können.
Ein wenig sollte es noch dauern, bis ich herausfinden durfte, dass ein bisschen glücklicher schon noch ging. Ein Schatz in mir war noch ungeborgen.

Esther

Es gibt noch eine Freundin, die bisher beinahe unerwähnt geblieben ist, der ich aber ein Kapitel widmen möchte, weil sie mir sehr wichtig ist und sie mich schwer beeindruckt hat. Ich lernte sie im zweiten Basisseminar meiner Ausbildung zur Geistheilerin kennen und wie bei Margit spürte ich sofort, dass diese Begegnung für mein Leben wichtig werden würde. Doch mit Esther war alles ganz anders. Unsere Beziehung entwickelte sich viel langsamer, erst nach und nach entdeckten wir Gemeinsamkeiten und unsere tiefe Zuneigung zueinander. Von Anfang an hatte ich das Gefühl, ihr nicht ebenbürtig zu sein, sie strahlte etwas so Erhabenes und Würdevolles aus mit ihrer unglaublich aufrechten Haltung, die ihr unerschütterliches Selbstbewusstsein spiegelte. Sie war eine richtige Frau, wie ich fand, hatte zwei Kinder und war erfolgreich in ihrem Beruf als Shiatsu-Praktikerin. An einem der Seminartage musste sie sogar für einige Stunden den Kurs verlassen, weil sie wichtige Termine wahrzunehmen hatte, wofür ich sie grenzenlos bewunderte. Außerdem schien sie mit unserem Lehrer Lars befreundet zu sein. Nicht, dass ich für Lars schwärmte, aber man sticht nun mal in einer solchen Gruppe heraus, wenn man den „Guru" kennt und mit ihm am Mittagstisch über Privates spricht.

Beim praktischen Üben in den Kursen ergab es sich oft, dass Esther und ich gemeinsam arbeiteten. Sie war immer freundlich, gesprächig und sogar fürsorglich. Sehr oft massierte sie mir kurz den Rücken, wenn ihr wieder einmal auffiel, dass ich mit rundem Buckel dasaß, zumindest aber richtete sie mich im Vorbeigehen kurz gerade. Ich fühlte mich zu ihr hingezogen, hatte aber gleichzeitig immer den Eindruck, nicht wirklich ganz zu ihr durchzudringen. Irgendwie hielt sie mich auf Abstand, ohne dass ich erklären konnte wodurch und es beschlich mich in ihrer Gegenwart immer das leise Gefühl minderwertig zu sein.
Etwa alle zwei Monate sahen wir uns in den Kursen und dazwischen auch in den sogenannten Heilkreisen. Das waren gemeinsame Übungsabende mit echten Klienten für uns Geistheilungsschüler, die

von einer erfahrenen Heilerin geleitet wurden.
Obwohl Esther und ich bei diesen Gelegenheiten gegenseitig unsere Nähe suchten und uns schon sehr gut kennengelernt hatten, dauerte es ungefähr ein Jahr, bis wir uns das erste Mal mehr oder weniger privat verabredeten. Wir vereinbarten für mich einen Termin für eine Shiatsu-Sitzung bei ihr zu Hause, wo sie damals noch arbeitete, und diese Verabredung wurde die erste von vielen, bei denen wir uns abwechselnd, einmal bei ihr und einmal bei mir, gegenseitig behandelten. Unser gemeinsames Arbeiten war etwas ganz Besonderes für mich. Ich hatte gerade damit begonnen, mich mit meinem Körper und dem Thema Entgiftung auseinander zu setzen und Esthers Behandlungen bildeten dazu eine hervorragende Ergänzung. Sie trug erheblich mit dazu bei, dass ich meinen Körper nach und nach lieben lernte, während ich früher immer das Gefühl gehabt hatte, er würde mich nur behindern und mir das Leben schwer machen.
Ich spürte, dass sich durch ihre sanften Berührungen viel mehr löste als nur die Verspannungen meiner Muskeln. Ich war dabei, ein völlig neuer Mensch zu werden und man sah es sogar äußerlich an meiner sich stetig verbessernden Haltung. Abgesehen davon war es einfach unglaublich angenehm und entspannend, wenn sie so an mir herum drückte, zog und knetete und dabei im Geiste mit meinem gesamten System kommunizierte.

Wenn es um sie ging, sprach sie oft von ihrer Familie. Ihr Vater war vor zehn Jahren verstorben. Er war ein sehr erfolgreicher und beliebter Geschäftsmann gewesen und hatte sich ihr gegenüber immer sehr großzügig gezeigt. Ihre Spiritualität hatte ihr dabei geholfen, seinen Tod gut zu verarbeiten, doch sie machte sich Sorgen um ihre Mutter, die immer noch in der Vergangenheit lebte. Den verstorbenen Ehemann hatte sie zu einem Heiligen verklärt und ihre Trauer um ihn zelebrierte sie förmlich. Nahezu ununterbrochen auf verschiedene Art und Weise die Aufmerksamkeit ihrer Tochter einzufordern, war bisher der einzige Weg gewesen, den sie gefunden hatte, um den schweren Verlust zu verarbeiten.
Sie verstand es perfekt, dass sich Esthers Tage in erster Linie um sie

drehten. Ständig brauchte sie Rat und Hilfe für ihre diversen körperlichen Beschwerden und regelmäßig schien sie dermaßen in Depressionen zu versinken, dass Esther bisweilen sogar befürchtete, sie könnte sich etwas antun. Meine Freundin war in sich gespalten, einerseits wollte sie ihre Mutter nicht im Stich lassen, andererseits war sie genervt und hatte mit Beruf, Mann und Kindern wahrlich genug zu tun. Außerdem wusste sie natürlich, dass es gar nicht wirklich hilfreich war, immer wieder auf die Forderungen der älteren Dame einzugehen. In Wahrheit verhinderte sie nur, dass diese selbst aktiv wurde, um auf konstruktive Art ihr Problem zu lösen und sich ein eigenes Leben aufzubauen.
Schon unzählige Male hatte Esther ihrer Mutter hervorragende Therapeuten der verschiedensten Behandlungsrichtungen empfohlen. Manchmal hatte diese sogar mit dem einen oder anderen davon einen Termin vereinbart, war dann aber höchstens ein einziges Mal hingegangen, weil dessen Angebot aus verschiedenen Gründen nicht das Richtige für sie war.
Kein Wunder, wozu hätte sie auch an sich arbeiten sollen, wenn es ihr doch blendend ging, so lange ihre Tochter alles tat, was sie wollte. Ihre Beschwerden nahm sie gerne in Kauf, wenn sie dafür im Mittelpunkt stand.

Einmal war es Esther gelungen, ihre Mutter zu mir in die Praxis zu schicken, doch natürlich biss auch ich mir die Zähne aus. Sie zählte mir all ihre Symptome auf und erlaubte mir bereitwillig einen Versuch, diese wegzuzaubern, verweigerte aber im Ansatz jegliches tiefer gehende Gespräch. Diverse Entgiftungsmaßnahmen waren für sie ebenso unvorstellbar wie etwa mein Vorschlag, doch mal unter Leute zu gehen. Eigentlich hörte sie mir überhaupt nicht zu.
Diese Frau lebte hinter meterdicken Mauern in ihrer eigenen Welt. Sie hatte ganz konkrete Vorstellungen davon, wie die Dinge zu laufen hatten und würde bis zum Umfallen dafür kämpfen, dass dies auch geschah. Meine Versuche, zu ihr durchzudringen, nahm sie gar nicht wirklich zur Kenntnis. Höflich aber bestimmt, unterstrichen von einer Mimik und Gestik, die vor Dominanz und Zielstrebigkeit gerade so

strotzten, machte sie mir unmissverständlich klar, dass sie zu keinerlei Veränderungen bereit war. Zwischen den Zeilen konnte ich hören, dass sie nicht dulden würde, dass ich versuchte, ihr meine Unfähigkeit als Heilerin anzulasten, indem ich ihr nahelegte zu ihrem Heilungsprozess beizutragen.

Trotzdem war ich zuversichtlich, dass unser Zusammentreffen vielleicht doch in irgendeiner Art und Weise etwas bewirkt haben könnte. Zumindest war es sehr interessant für mich, diese Frau, von der ich schon so viel gehört hatte, einmal persönlich kennen zu lernen. Ich konnte jetzt sehr gut nachvollziehen, was meine Freundin meinte, wenn sie sagte, dass man mit ihrer Mutter einfach nicht reden konnte.

Wir, Esther und ich, wussten beide, dass der Leidensdruck in erster Linie auf ihrer Seite lag, doch es fiel ihr unendlich schwer sich abzugrenzen. Sie wollte so gerne verstehen, warum ihre Mutter sich so eingemauert hatte. Warum sie wie nach einer Schablone lebte. Nur ganz bestimmte Gespräche und Gefühle wurden zugelassen, alles andere wurde gnadenlos abgeschmettert. Esther glaubte, dass es für das Verhalten ihrer Mutter und ihre eigene Unfähigkeit, eine klare Grenze zu ziehen, einen Grund geben musste und nach dem wollte sie suchen.

In einer gemeinsamen Sitzung versuchten wir, mit ihrem verstorbenen Vater zu sprechen. Zwar konnte ich ihn wahrnehmen, doch es war mir, als wollte er Abstand halten. Er sah uns von der Weite aus zu und übermittelte mir deutlich, dass er sich nicht äußern würde. Er konnte nicht und er wollte nicht.
Es schien mir fast, als hätte Esther mit so etwas gerechnet, sie war nicht sehr enttäuscht. Ich riet ihr, das Thema vorerst loszulassen, früher oder später würde sie schon finden, wonach sie suchte.

Auch wenn wir ihre Familie betreffend noch nicht wirklich weitergekommen waren, hatte ich stets das Gefühl, dass wir bei unseren gemeinsamen Vormittagen ganz besondere Unterstützung von der geistigen Seite hatten. Beide spürten wir, dass die Energien unglaublich stark waren, wenn wir zusammen arbeiteten. In den

Heilkreisen war es mir auch schon aufgefallen, dass Esthers Gegenwart sowohl meine Wahrnehmung verfeinerte, als auch den Energiefluss durch meine Hände verstärkte.

Irgendwie fand ich es überhaupt immer aufregend, wenn wir uns sahen. Einmal verbrachten wir, gemeinsam mit einer dritten Freundin aus unserer Ausbildung, vier Tage in Frankfurt. Das Seminar, das wir dort besuchten, war zwar ein Reinfall, aber wir Mädels hatten trotzdem vier wirklich wunderschöne Tage. Unsere Unterkunft lag in einem malerischen alten Viertel mit einer Stadtmauer und winzig kleinen und windschiefen Fachwerkhäuschen direkt am Main. Das Wetter war bestens, die Menschen begegneten uns offen und freundlich. Zu dritt teilten wir uns ein riesiges Hotelzimmer und genossen es sehr, stundenlang zu plaudern.
Ein Thema, das uns an diesem verlängerten Wochenende länger beschäftigte, war Esthers Mann Simon. Gleich nach unserer Ankunft hatte Esther Schwierigkeiten mit ihrem Handy gehabt und Simon vorsichtshalber auch meine Telefonnummer übermittelt, damit sie in jedem Fall für ihn und die Kinder erreichbar war. Kaum waren wir zwei Stunden in Frankfurt, schon erhielt ich eine Kurzmitteilung mit dem ungefähren Wortlaut:
„Bitte richte Esther aus, dass sie die wundervollste Ehefrau und Mutter auf der ganzen Welt ist. Ich vermisse und liebe sie sehr, Simon."
Ich reichte mit verdrehten Augen das Telefon an meine Freundin weiter und sagte:
„So ein SMS wäre für mich ein Scheidungsgrund."
Esther jedoch freute sich sehr darüber und verstand überhaupt nicht, wie ich so etwas sagen konnte.

Ich kannte Simon bisher nur aus ihren Erzählungen, aber die Energie, die ich von ihm empfing, schien mir ganz und gar nicht zu der von meiner Freundin zu passen. Esther war so stark und selbstbewusst und von ihrem Mann empfing ich so viel Unsicherheit und Anlehnungsbedürfnis. Manchmal, wenn sie von ihm sprach, kam es mir sogar so vor, als rede sie von einem ihrer Kinder. Außerdem schien er es mit der Treue nicht allzu genau zu nehmen. Das hatte sie mir schon erzählt und es passte genau zu dem Bild, das ich mir über ihn gemacht hatte. Dieser Mann hatte kein sehr großes Selbstbewusstsein und brauchte daher eine Menge Bestätigung. Auch jetzt in seiner Kurzmitteilung las ich zwischen den Zeilen: „Ich habe so große Angst, dich zu verlieren."

Natürlich stand es mir trotzdem nicht zu, solche Bemerkungen zu machen, doch manchmal sprach ich schneller, als ich denken konnte und so diskutierten wir eben. Dass wir beide nicht immer einer Meinung waren, war nichts Neues mehr und in der Regel hatten wir damit kein Problem.

Auch über unseren Heilkreis wurde viel gesprochen. Unmittelbar vor unserer Reise war er auseinander gebrochen, weil es Schwierigkeiten mit unserer Leiterin gegeben hatte. Sie hatte unser Vertrauen missbraucht und uns alle mehr oder weniger dazu genötigt, uns von ihr behandeln zu lassen. Lange wussten wir gar nicht, dass es uns allen gleich ging, weil wir zu wenig untereinander kommunizierten. Esther und ich hatten in dieser Angelegenheit eine tragende Rolle gespielt, weil wir diejenigen gewesen waren, die die Ungereimtheiten offen auf den Tisch gelegt hatten, so dass die Lage eskalierte und die Gruppe schließlich aufgelöst wurde.
Einerseits waren wir erleichtert, dass die wochenlangen Unstimmigkeiten nun ein Ende gefunden hatten, andererseits fragten wir uns auch, ob wir uns richtig verhalten hatten oder ob wir offener gewesen waren, als für uns alle gut war.
Unsere ehemalige Leiterin war jedenfalls ziemlich böse auf uns, doch wir hatten ihr nicht schaden wollen, sahen uns nur gezwungen, uns selbst zu schützen.
Abgesehen davon waren wir natürlich traurig darüber, dass wir nicht genau wussten, wie wir in Zukunft alle gemeinsam zusammen arbeiten konnten.

Nach unserer Heimkehr gründeten wir dann jedoch recht schnell unsere eigene Gruppe. Wir trafen uns zweimal im Monat, einmal in Esthers neuer Praxis, einmal in der einer anderen Kollegin. Gemeinsam

kümmerten wir uns um Klienten, die meistens aus Esthers großem Freundeskreis stammten. Anfangs schwankte die Zahl der teilnehmenden Heiler zwischen sechs und zehn, so wie in unserem alten Heilkreis, doch recht bald blieben neben uns beiden nur noch zwei andere Kolleginnen über: Eli und Irene.
Wir waren ein tolles Team und mochten uns sehr. Wir waren übereingekommen, dass keine von uns die Leiterin sein sollte, doch es hatte sich trotzdem so ergeben, dass hauptsächlich ich das Klientengespräch führte, weil ich das gerne machte und auch ganz gut konnte. Beim anschließenden Behandeln halfen wir dann alle zusammen.
Ich freute mich immer sehr auf diese Treffen. Ich hatte meine drei Kolleginnen, allen voran aber Esther, schon sehr lieb gewonnen und aufgrund der Tatsache, dass ich das Gefühl hatte, dass meine Medialität in Gegenwart der anderen noch viel stärker war, war ich mir sicher, dass das Universum hinter unserem Heilkreis stand und er sehr wertvoll war. Immer wieder hatten wir wirklich sehr schöne, manchmal auch sehr aufregende Erlebnisse zusammen.

Ich erinnere mich besonders an einen Abend, als wir einen Mann eingeladen hatten, den wir alle aus einem gemeinsam besuchten Seminar kannten. Ursprünglich war geplant gewesen, dass wir ihm bei seinen gesundheitlichen Problemen weiterhelfen sollten. Als er jedoch in Esthers Praxis eintraf, gestand er uns, dass er Angst davor hatte, sich von uns behandeln zu lassen. Trotzdem wollte er bei uns bleiben. Er erzählte uns aus seinem Leben, mit dem er offensichtlich ziemlich unzufrieden war und interessierte sich auch dafür, wie es uns ergangen war, seit wir ihn zuletzt gesehen hatten.
Die Stimmung im Raum war so drückend, dass ich das Gefühl hatte, kaum Luft zu bekommen. Noch nie hatte ich mich in Gegenwart meiner Freundinnen so schlecht gefühlt, ganz egal wer sonst noch bei uns gewesen war. Schließlich war es nichts Ungewöhnliches für uns, Menschen zu empfangen, die gravierende Probleme hatten. Doch diesmal war es anders, am liebsten wäre ich aufgestanden und gegangen.

Wie aus heiterem Himmel begannen Esther und ich plötzlich, uns gegenseitig anzuschreien. Ich weiß nicht mehr wirklich, wie es dazu gekommen war, ich glaube, ich hatte sie unterbrochen oder irgendetwas gesagt, was sie missverstanden hatte und schon kam es zur Explosion. Beide reagierten wir völlig unverhältnismäßig und überhaupt nicht, wie es ansonsten unsere Art war. Esther, die stets eine so unerschütterliche Ruhe ausstrahlte, dass ich die Hand ins Feuer gelegt hätte, dass sie niemals ihre Fassung verlieren würde, weinte und hatte Schwierigkeiten zu atmen. Ich hatte einfach nur das Gefühl, im falschen Film zu sein. Das hier war nicht unser Heilkreis. Das waren nicht wir beide. Schon oft waren wir unterschiedlicher Ansicht gewesen, hatten uns auch schon gegenseitig verletzt, doch hysterisch angebrüllt hatten wir uns noch nie.

Glücklicherweise fühlte sich nun auch unser Besucher unwohl, so dass er sich schnellstmöglich verabschiedete. Er hatte kaum die Tür hinter sich geschlossen, da fielen Esther und ich uns in die Arme. Unser Streit verschwand im Nichts, genauso schnell, wie er entstanden war. Doch keiner von uns vieren wusste die Situation zu deuten. Wir alle waren so erschöpft, als wären wir kilometerweit gelaufen und konnten nicht einordnen, was da passiert war. Wir fassten uns an den Hände und meditierten gemeinsam noch einige Minuten, dann verabschiedeten wir uns voneinander, weil wir alle viel zu müde waren, um uns noch auszutauschen.

Auf meiner halbstündigen Heimfahrt im Auto hatte ich das Gefühl, zwischen zwei Bewusstseinszuständen zu schweben. Die notwendigen Handgriffe vollführte ich problemlos und ganz automatisch, doch irgendwie war ich gleichzeitig ganz woanders, wie in einer Art Vakuum. Ich war völlig frei von Gedanken, hatte das Gefühl, gar nicht mehr denken zu können und gab mich ganz dieser seltsamen Stimmung hin. Plötzlich sah ich ganz klar die Geschehnisse dieses Abends vor mir und wusste genau, was passiert war. Esther und ich hatten gemeinsam über unseren Streit die Energie unseres Besuchers transformiert. Über uns hatte sich etwas entladen, was er mit sich herumgeschleppt hatte und dadurch konnte es sich auflösen. Er würde in den nächsten Tagen bemerken, dass er von etwas befreit worden war. Unsere Diskrepanz hatte mit uns selbst überhaupt nichts zu tun, nur insoweit, als sie uns ein weiteres Mal vor Augen führte, dass wir beide zusammen eine Kraft hatten, von der wir selbst noch nicht viel wussten.

Gleich nach dem Aufwachen am nächsten Tag griff ich zum Telefon, um meiner Freundin von meiner Erkenntnis zu erzählen. Wie schon einige Male zuvor, wenn wir miteinander sprachen und einen wichtigen Zusammenhang aufdeckten, hatten wir beide Gänsehaut am ganzen Körper. Auch sie war überzeugt, dass es sich tatsächlich so verhielt. Wir teilten irgendeine gemeinsame Aufgabe, mussten aber auch an unserem gegenseitigen Vertrauen noch ein wenig arbeiten, denn ganz leicht hatten wir es nicht miteinander. Immer wieder gab es auch Schwierigkeiten.
Esther war ein Fels in der Brandung, doch für meinen Geschmack manchmal einfach zu unsensibel. Gerade heraus und ohne sich etwas Böses dabei zu denken, sagte sie manchmal Dinge, die mich tief verletzten. Wenn sie mich zum Beispiel nach einem Heilkreis fragte, warum ich dies oder jenes zu einer Klientin gesagt hätte, ob das nicht vielleicht zu viel gewesen wäre, fühlte ich mich meist sehr tief in meiner Ehre gekränkt und kritisiert. Sie hatte dafür sehr wenig Verständnis, fand mein Verhalten oft divenhaft und kompliziert.

Schließlich kam es zu einer weiteren Eskalation, doch diesmal hatte sie sehrwohl mit uns zu tun. Esther hatte eine Klientin in den Heilkreis eingeladen, die sie selbst schon mit Shiatsu behandelt hatte. Auf den ersten Blick erkannte ich, dass es sich um eine sehr schwierige Dame handelte. Sie war Zahnärztin und hatte schon unzählige Therapeuten erfolglos aufgesucht. Äußerst redegewandt und ungeduldig, hörte sie mir kaum zu, unterbrach mich ständig und gab mir zu verstehen, dass alles, was ich sagte, der reinste Blödsinn war. Diese Frau suchte Streit, mit jedem Satz wurde sie schneller und lauter.
Nach nur wenigen Minuten unterbrach ich abrupt ihre Ausführungen und teilte ihr ruhig und bestimmt mit, dass ich nicht die Absicht hätte,

meine Meinung mit ihr auf diese Art und Weise zu diskutieren. Nachdem sie nun schon mal da war, hätte sie die Möglichkeit, sich meine Sicht der Dinge anzuhören, doch dies wäre nur ein Angebot, das sie annehmen könnte. Wenn sie daran nicht interessiert wäre, würde ich das Gespräch an dieser Stelle abbrechen.
Sie schluckte zwar ein wenig, doch sehr schnell entschloss sie sich dazu zuzuhören.
Als sie uns an diesem Abend nach zwei Stunden wieder verließ, hatten wir alle das Gefühl, gute Arbeit geleistet zu haben. Sie verließ die Praxis eindeutig wesentlich entspannter, als sie sie betreten hatte.

Doch bei unserem nächsten Treffen eröffnete uns Esther, dass die Zahnärztin wieder zu ihr zum Shiatsu gekommen war und sich fürchterlich über mich beschwert hätte. Sie wäre der Meinung gewesen, dass man so wie ich nicht mit jemandem reden könnte, der erst wenige Wochen zuvor kurz vor dem Selbstmord gestanden wäre.
Esther selbst sagte, dass ihr die Klientin leid getan hätte und dass ich manchmal vielleicht doch zu direkt wäre und nicht immer unterscheiden könnte, ob dem jeweiligen Hilfesuchenden meine Botschaft zuzumuten wäre oder nicht.

Ich nickte nur, war aber tief getroffen. Tagelang dauerte es, bis ich für mich selbst überhaupt klar formulieren konnte, warum ich so verletzt war. Schon länger war ich nicht rund gewesen mit unserem Heilkreis, doch ich wollte es mir und den anderen nicht eingestehen, weil ich Angst hatte, meine Kolleginnen zu verlieren. Es störte mich, dass wir uns nur abends treffen konnten, zu einer Zeit, zu der ich normalerweise schon zu Bett ging. Ebenso wenig gefiel es mir, dass ich der Meinung war, dass wir alle wirklich gute Arbeit leisteten für einen sehr geringen Betrag als Gegenleistung, wir aber nur in den allerseltensten Fällen positives Feedback bekamen. Meist sahen wir die Klienten nie wieder. Doch am allermeisten nervte mich, dass ich allein für das Klientengespräch verantwortlich war. Wenn die anderen sich schon nicht beteiligten, sollten sie mich wenigstens nicht kritisieren.

Als wir uns das nächste Mal sahen, versuchte ich, den anderen meinen

Standpunkt zu erklären. Ich schilderte, dass es für mich schon mit einem gewissen Druck und mit Aufregung verbunden war, diese Gespräche zu führen. Bisher hatte ich zwar immer herausgefunden, wo das Problem der Klienten gelegen hatte, im Vorhinein konnte ich mir aber doch nie sicher sein. Ich sagte:
„Wenn ich auch noch damit rechnen muss, nachher von euch kritisiert zu werden, dann gehe ich in unseren Heilkreis mit dem selben Gefühl wie früher in eine Diplomprüfung. Dem möchte ich mich nicht aussetzen, weil ich nicht einsehe, warum ihr mich kritisiert. Ihr braucht doch nur in das Gespräch einzugreifen, wenn euch irgendetwas nicht gefällt. Was ist das für eine Art, schweigend zuzuhören und hinterher zu sagen: Du, das war aber nicht so toll!'"
Ich war verletzt und vielleicht nicht ganz fair, aber im Großen und Ganzen, wollte ich genau das ausdrücken, was ich gesagt hatte.

Irene verstand mich, doch Esther gab mir mit ihren Blicken das Gefühl, mich aufzuführen wie ein kleines Kind. Sie sagte:
„Ich verstehe nicht ganz, was du willst und worüber du dich so aufregst. Ich habe lediglich ein Feedback weitergegeben, das eine Klientin aus unserem Heilkreis uns allen gegeben hat. Wenn ich das nicht mehr machen kann, weil du es vielleicht nicht verkraftest, dann wird es mir an dieser Stelle zu kompliziert."
Ich weinte. Weil es mir wehtat, dass sie mich nicht verstehen konnte, weil ich mich schämte, dass ich mich ein weiteres Mal in ihrer Gegenwart so furchtbar klein fühlte und weil unsere Beziehung so kompliziert war, obwohl ich sie so liebte. Aber ich weinte auch deshalb, weil ich wusste, dass dies das Ende von unserem Heilkreis war.
Als wir uns an diesem Abend verabschiedeten, wusste ich nicht, ob ich meine Freundinnen wiedersehen würde, ich wusste gar nichts mehr, mir war immer noch zum Heulen.

Im Nachhinein war sehr bald wieder alles sehr klar. Ich konnte erkennen, dass die Zeit unseres gemeinsamen Arbeitens einfach abgelaufen war. Wir hatten uns weiterentwickelt, jede in eine etwas andere Richtung. Wir brauchten nicht mehr gemeinsam zu üben und hatten uns alle wichtigeren Aufgaben zuzuwenden. Esther und ich hatten einfach wieder die Aufgabe übernommen, die ganze Sache zu katalysieren. Ich hing so sehr an meinen Kolleginnen und unseren Treffen, dass ich schon länger ignorierte, dass ich mich gar nicht mehr so darauf freute wie früher und anschließend völlig ausgepowert nach Hause fuhr. Ich hatte nicht erkennen wollen, dass es Zeit war aufzuhören. Also hatte Esther mir ein bisschen auf die Sprünge geholfen.

Als ich das begriff, konnte ich mich restlos aus der Rolle der beleidigten Leberwurst schälen und als hätte sie meine Schwingung sofort aufgefangen, erhielt ich eine Mail von ihr, in der sie mich und Christof zu einer kleinen Feier in ihrer Wohnung einlud. Freudig sagte ich zu und wenige Tage später begegneten wir uns so unbeschwert, als wäre nie etwas gewesen.

Vor etlichen Monaten waren wir einmal zu viert, mit unseren Männern, beim Essen gewesen, so dass sich an jenem Abend bei Esther zu Hause auch Christof und Simon bereits kannten. Sie hatten sich von Anfang an gut verstanden und auch diesmal unterhielten sie sich höchst angeregt. Nachdem meine Freundin und ihr Mann in Kürze einen Urlaub geplant hatten, vereinbarten wir, dass wir uns bald nach ihrer Rückkehr wieder zu einem Essen zu viert treffen wollten.
Doch dazu kam es nicht mehr. Nach Esthers Reise fanden wir wochenlang keine Zeit uns zu sehen. Simon war im Begriff sich selbständig zu machen und auch Christof hatte viel zu tun. Schließlich brachen dann auch wir zu einer Fahrt nach Korsika auf, von der ich später noch mehr erzählen möchte.
An unserem letzten Tag auf der Insel, wir hatten schon alles gepackt und warteten nur noch darauf, den Schlüssel unseres Ferienhauses abgeben zu können um gleich zum Fährhafen aufzubrechen, da erhielt ich eine Kurzmitteilung auf mein Handy. Sie war von Esther, die mich fragte, ob ich schon zu Hause wäre, weil sie gerne mit mir reden würde. Sie meinte, dass aus unserem Essen mit Simon wohl nichts mehr werden würde, erklärte aber nicht genau warum. Sie schrieb nur knapp: „Neue

Zeit, neues Leben. Gut.“
Ich wusste sofort, was das bedeutete. Sie hatten sich getrennt.
Nun konnte ich es kaum erwarten, nach Hause zu kommen um von ihr zu erfahren, was passiert war. Gleich am nächsten Morgen rief ich sie an, obwohl ich nach der langen Fahrt noch gar nicht geschlafen hatte. Vollkommen ruhig, aber doch unter Tränen erzählte sie mir, dass Simon mit sehr großer Wahrscheinlichkeit ein Kind mit einer anderen Frau gezeugt hatte und dass sie nicht mehr mit ihm zusammenleben wollte. Es überraschte mich selbst, dass ich diese Nachricht fast freudig aufnahm. Ich spürte sofort, dass etwas Wichtiges ins Rollen gekommen war. Ich sagte ihr, dass sich die Sache sehr gut für mich anfühlte und dass ich mir sicher war, dass dadurch ein großes karmisches Thema aufgelöst werden würde. Esther war sehr erleichtert, dass ich nicht, wie alle anderen davor, sofort damit begonnen hatte, auf Simon zu schimpfen. Ich sah dafür keine Veranlassung, denn mir war klar, dass auf Seelenebene alles so vereinbart war und der Mensch Simon in Wahrheit gar keine Wahl gehabt hatte.
Auf Esthers Frage, was ich denn glaubte, in welcher Hinsicht sich etwas auflösen könnte, sagte ich ihr, dass ich das nicht wisse, ich aber immer eine leichte Angst gehabt hatte, dass sie auf einen ähnlichen Weg geraten könnte wie ihre Mutter. Ich glaube, sie erschrak ein wenig, als ich das aussprach, doch sogleich räumte sie ein, dass ich damit recht haben könnte. Sie hatte schon länger den Verdacht gehabt, dass ihr Vater vielleicht ein Doppelleben geführt haben könnte und hielt es auch für möglich, dass es noch ganz andere Geheimnisse in ihrer Familie gab. Sie wollte versuchen, so viel wie möglich herauszufinden.

In den folgenden zwei Wochen vollzog sich eine Änderung in Esther, die alles übertraf, was ich mir jemals hätte vorstellen können.
Sie fand heraus, wer sie war und erlangte Verbindung zu ihrem höheren Selbst, durch das ihr alle Informationen, die sie brauchte, einfach zufließen konnten.
Sie erfuhr, dass ihre Mutter nach der Geburt von Esther und ihrem Bruder eine Abtreibung durchgeführt hatte und dass die Seele dieses Kindes nun noch einmal über das von Simon gezeugte Baby um

Annahme in dieser Familie bat.
Sie fand heraus, dass ihr von allen verherrlichter Vater ein unerbittlicher Herrscher gewesen war, nicht nur über seine Familie, sondern über ein ganzes Imperium. Mit viel Geld, Kontakten und eisernem Willen war er über Leichen gegangen, um seine Ziele zu erreichen. Er hatte tatsächlich ein Doppelleben geführt und Esther fand schließlich auch den Zugang zu der Erinnerung an das Unfassbare: Sie selbst war das Doppelleben ihres Vaters gewesen.

An einem Nachmittag, etwa zehn Tage nach meiner Heimkehr aus Korsika, bekam ich ein SMS, in dem stand: „Meine Liebe, ich dachte nicht, dass es so weit geht und ich habe es so sehr verdrängt. Aber ICH war das perfekte Doppelleben meines Vaters. E."
Noch bevor ich den Inhalt dessen, was ich da gelesen hatte, eigentlich verstand, wählte ich ihre Nummer.
Wir führten ein langes Gespräch, das mich sehr berührte. Völlig frei von Hass, Selbstmitleid und Schuldzuweisungen erzählte sie mir, dass sie missbraucht worden war. Nicht nur von ihrem Vater, sondern indirekt auch von ihrer Mutter, der zuliebe sie bis heute die Fassade der heilen Welt aufrecht erhalten hatte.

Ich war tief erschüttert. Was hatte diese Frau getragen, für ihre ganze Familie und wie unglaublich ging sie, jetzt, da sie es wusste, mit dieser Erkenntnis um. Sie fühlte den unglaublichen Schmerz in sich, doch sie wusste gleichzeitig, dass es sie erlösen würde, dass sie ihn nun endlich spüren konnte. Durch ihre Entdeckung würde sie sich nicht nur selbst befreien, sondern allen Beteiligten ein Stück ihres eigenen Weges abnehmen.

Binnen weniger Tage veränderte meine Freundin fast ihr gesamtes Leben. Sie hörte mit den Shiatsu-Behandlungen auf und beschloss, ihre Geschichte in einem Buch zu veröffentlichen. Ihre ganze Jugendzeit über hatte sie berührende Tagebücher geführt, die sie jetzt veröffentlichen wollte. Ihr Mann Simon, von dem sie sich in Frieden getrennt hat, ist gerade dabei, ihre Aufzeichnungen zu ordnen und zu ergänzen. Ihr gemeinsames Buch wird in Kürze erscheinen.

Sie hat erkannt, dass es ihre Bestimmung ist, sich für die Achtung von Frauen einzusetzen und für die Verbreitung von Wahrheit und starker, aber doch mitfühlender weiblicher Energie in unserer Welt zu sorgen.
Für mich hat Esther immer schon Selbstsicherheit, Stärke und Würde ausgestrahlt, doch seit dieser Veränderung ist ihre Erscheinung so kraftvoll und berührend, dass es mir Tränen in die Augen treibt, wenn ich sie sehe.
Sogar das Unglaubliche war ihr gelungen: Sie hatte ein offenes Gespräch mit ihrer Mutter geführt und deren Mauern ein Stück weit zum Einsturz gemacht. Nichts desto trotz war es jetzt wichtig für sie, sich erst einmal zu distanzieren. Es gab wichtige Aufgaben zu erledigen, für die sie ihre ganze Kraft brauchte, sie konnte und würde es nie wieder zulassen, als Energietankstelle benutzt zu werden.

Um Missverständnissen vorzubeugen, möchte ich an dieser Stelle noch einmal explizit sagen, dass es für mich im Leben keine Zufälle, keine Täter und keine Opfer gibt. Jeder Mensch ist göttlich und gibt zu jedem Zeitpunkt sein Bestes. Das, was nötig ist, damit karmische Vorgaben erfüllt und die Lernprozesse der beteiligten Seelen bewältigt werden können.
Auch wenn sehr vieles von dem, was auf dieser Welt passiert, noch so schrecklich aussieht, so habe ich doch das tiefe Vertrauen, dass es im großen Zusammenhang richtig ist. Es liegt mir fern, mit dem Geschriebenen irgendjemanden zu verurteilen.

Als ich zum ersten Mal nachdem ich von Esthers Missbrauch erfahren hatte, in den Stall zu meinen Pferden ging, passierte etwas Erstaunliches. Ich hatte nichts Bestimmtes im Sinn gehabt, doch plötzlich hatte ich den starken Wunsch, Sancho, den Wallach meines Mannes, herauszuholen.
Christof hatte ihn nach einem schmerzhaften Sturz nicht mehr reiten wollen und das Pferd mit sieben Jahren gleichsam in den Altersruhestand geschickt. Zwar versuchte ich etliche Male, mich mit ihm zu beschäftigen, aber er weigerte sich, mit mir zu kommunizieren. Er nahm mich einfach nicht zur Kenntnis. Wollte ich ihn reiten, buckelte

er, wollte ich mit ihm spazieren gehen, schleifte er mich nur von einem Grasbüschel zum nächsten und wenn ich versuchte Zwangsmaßnahmen wie zum Beispiel eine Gerte einzusetzen, setzte er mich außer Gefecht, indem er mir auf die Füße sprang und anschließend im wilden Galopp über die Felder davonstob. Schließlich gab ich meine Bemühungen auf und arrangierte mich stattdessen mit meinem schlechten Gewissen ihm gegenüber, weil keiner sich um ihn kümmerte.
Doch an diesem Tag war alles anders. Ich holte ihn mit einem einfachen Strick aus der Koppel und in völliger Harmonie entfernten wir uns vom Stall und spazierten gemeinsam durch die Weinberge. Er akzeptierte mich als Führer, vertraute mir blind und ich liebte ihn dafür. Nebeneinander rannten wir gemeinsam über die Wiesen, als wüsste er gar nicht, dass er das Gras auch fressen konnte. Bewegte ich mich seitwärts, tat er es auch, wurde ich langsamer, verlor auch er sofort an Schwung. Ich fühlte mich wie im Himmel, weinte vor Glück und tanzte auf Wolken mit diesem Pferd, das mich noch nie zuvor wahrgenommen hatte.

Es bestand kein Zweifel für mich, dass dieses Erlebnis mit Esthers Erlösung in Zusammenhang stand. Wer war diese Frau? War sie ein Engel? Eine Erlöserin? Waren wir so eng verbunden, dass ihr Problem auch mich blockiert hatte oder zeigte sie mir nur, dass alles verbunden war und jeder Mensch, der sich von einer Last befreit, ein Stück weit auch alle anderen erlöst?
Ich wusste es nicht, wahrscheinlich traf alles auf einmal zu. Jedenfalls aber wusste ich sicher, dass Esther eine wichtige Lichtträgerin ist für diese Welt und Großes bewirken wird. Sie ist diejenige, die mir am eindrucksvollsten gezeigt hat, wie gelebte Spiritualität aussieht.

Ich bin glücklich und dankbar, dass nun nichts mehr zwischen uns steht und geehrt, dass sie mich teilhaben lässt an ihrem großartigen Weg.

Kreativität

Ich habe schon darüber geschrieben, für wie wichtig ich es halte, den Körper innerlich zu reinigen, doch vor kurzem habe ich noch eine ganz andere Art der Entgiftung entdeckt. Es gibt eine zweite Methode, mit der man Prozesse, die im Inneren schlummern ganz einfach lösen kann, indem man sie auf die materielle Ebene verlagert und nach außen bringt. Sie macht mindestens genauso viel Spaß, ist gleichermaßen effektiv, für jedermann hilfreich und ganz leicht anwendbar.
Besonders empfehlenswert ist es natürlich, die beiden Möglichkeiten zu kombinieren, dann sind sie mit Sicherheit in Kürze ein ganz neuer Mensch.
Ich spreche von der Kreativität.

Seit ich circa zehn Jahre alt war, habe ich in meiner Familie und unter Freunden und Bekannten verkündet, dass ich ein Buch schreiben werde. Im Laufe der Jahre veränderten sich die Themen der geplanten Buchprojekte, erst war es ein Liebesroman, als ich mit dem Reiten begann, fing ich an ein Tagebuch aus der Sicht eines Schulpferdes zu schreiben, dann schwebte mir wieder ein Fantasyroman oder ein Sachbuch vor. Auch meine Beschäftigung mit spirituellen Themen, vor allem das Lesen von so vielen Büchern darüber, weckte in mir bald das Verlangen, meine eigenen Erkenntnisse in meinen Worten festzuhalten. Wie Sie sehen, habe ich dieser Sehnsucht nun endlich nachgegeben. Alle Projekte dazwischen, und wir reden hier immerhin von einer Zeitspanne von knapp dreißig Jahren, wurden nie verwirklicht. Ich trug sie so lange in meinem Kopf herum, bis sie dort verblassten und in Vergessenheit gerieten. Nur zwei Mal in dieser ganzen Zeit, nahm ich Block und Stift zur Hand und begann zu schreiben, doch nach wenigen Seiten hörte ich damit auf. Ich hörte auf, weil der Text zu schlecht war, weil ihn ja doch keiner lesen würde, weil kein Verlag ihn veröffentlichen würde und weil ja doch bloß alles ein Hirngespinst war.

Auch gemalt habe ich früher gerne. Malen machte eigentlich in jeder

Form Spaß, mit Fingerfarben am Fenster, mit Wasserfarben, mit Leuchtfilzstiften und mit Wachsmalkreiden. Doch auch dieses Hobby gab ich bald auf, denn mein Vater ist Künstler und es gibt nichts, was er nicht darstellen kann. Er zählt zu den Glücklichen, die es geschafft haben, mit dem, was ihm am meisten Spaß macht, seine Familie zu ernähren. Er malt Bilder in allen Stilen und Techniken, illustriert Bücher, erschafft Cartoons und Glückwunschkarten. Zwar muss er sein Talent oft dem Kunden zuliebe in ein Korsett zwängen, aber nie hat er damit aufgehört, das, was er in sich trägt, in Farben auf Papier oder Leinwand auszudrücken.
Ich habe ihn immer dafür bewundert, brachte es aber nur in meiner frühen Kindheit fertig, es ihm einfach nachzutun. Schon bald begann ich, meine fertigen Werke mit den seinen zu vergleichen und das frustrierte mich so, dass ich mir einredete, dass mir Malen keine Freude machte und dass ich über das erforderliche Talent leider einfach nicht verfügte.

Wenn ich so darüber nachdenke, war ich als Kind auf unzählige Arten kreativ. Ich formte Figuren und Gegenstände aus Ton oder buntem Plastilin, ich baute Traumhäuser mit Legosteinen und Schlösser und Burgen aus Sand. Ich bastelte aus Stroh unseren Christbaumschmuck, versah meine vielen Puppen mit revolutionären Haarschnitten und verwandelte ausgehöhlte Bäume in Penthäuser für meine Monchichis, mit Designermöbeln aus Holz und Rinde.

Kinder schaffen es auch unter widrigen Bedingungen immer wieder, in ihre eigene Welt abzutauchen und dabei echte, kindliche Lebensfreude zu empfinden, weil sie unablässig kreativ sind. Gibt es etwas Schöneres und Lebendigeres als etwas zu erschaffen? Etwas, das es nur einmal auf der ganzen Welt gibt und das ganz mir gehört? Etwas, das beweist, dass es mich gibt und von mir erzählt?

Auch wenn es in unserer Welt viel zu viele unglückliche Kinder gibt, sind sie doch in der Regel wesentlich unbeschwerter als wir Erwachsenen. Ganz selbstverständlich kommunizieren sie mit ihren Spielsachen und unsichtbaren Wesen, vergessen beim Spielen Zeit und Raum und lieben es, sich auf die unterschiedlichsten Arten auszudrücken.

Doch Kinder lernen auch ständig, vor allem durch Nachahmung und so übernehmen sie nach und nach die Haltung ihrer Vorbilder, dass es weniger darauf ankommt, wie es sich anfühlt etwas zu tun, als darauf, was dabei herauskommt. Sie lernen zu vergleichen und dass man gewisse Dinge besser runterschluckt, eben alles, was sie brauchen, um so glückliche Menschen zu werden wie ihre Eltern. Nur ganz wenigen von ihnen gelingt es, wie meinem Vater, trotzdem kreativ zu bleiben, doch hierbei handelt es sich offensichtlich um echte Ausnahmetalente. Alle anderen widmen sich früher oder später den nützlichen Dingen des Lebens.

Mir ging es ganz genau so und es ist noch nicht lange her, dass ich gemerkt habe, wie viel und was mir da eigentlich fehlte, doch dass immer noch was fehlte, das merkte ich schon.

Die Sache mit dem Loslassen hatte ich nach dem beeindruckenden Gespräch mit dem äußerst vergnügten Geistwesen wirklich verstanden. Nicht nur verstanden, ich brauchte mich nur an den betreffenden Abend zurückerinnern und schon konnte ich wieder fühlen, wie sinnlos es war, mich anzustrengen. Ich war mir sicher, ich hatte losgelassen.
Daran, wie ich reagierte, wenn ein Kunde anrief, um einen vereinbarten Termin abzusagen, konnte ich feststellen, dass es tatsächlich stimmte. Früher hatte ich immer genau so lange geglaubt, dass mein Selbstwert nun nicht mehr von meinem beruflichen Erfolg abhing, bis mir genau das passiert war. Von einer Sekunde auf die andere tauchten dann die uralten Selbstzweifel wieder auf und hielten mich fest umklammert. Ich war traurig und fragte mich stunden-, manchmal sogar tagelang, warum der Klient nicht kommen wollte. Hatte ihm die letzte Sitzung nicht gefallen, hatte ich etwas Falsches gesagt, war ich unseriös aufgetreten?

Diese Zeiten gehörten endgültig der Vergangenheit an. Obwohl es Frühjahr war, eigentlich die umsatzstärkste Zeit im Jahr, hatte ich auffallend wenig zu tun. Relativ abrupt war Anfang des Jahres der Klientenstrom plötzlich nahezu abgerissen und ich würde von Glück sprechen müssen, wenn ich es auf ein Drittel der Einnahmen bringen würde, die ich im gleichen Zeitraum im Vorjahr gehabt hatte. Ich hatte

ein ganz seltsames Gefühl in mir, das ich so noch nicht kannte. Mit dem Getriebensein von früher hatte es nicht viel gemein. Ich war zufrieden mit mir und ich genoss meine Freizeit. Ich musste nicht mehr irgendetwas leisten, um mich akzeptieren zu können.
Aber da war etwas anderes.

Ich war in Aufbruchsstimmung, wusste, dass sich wieder etwas Grundlegendes verändern würde, dass ich kurz davor war, einen ganz großen Schritt zu machen.Ganz deutlich konnte ich spüren, dass die Zeit jetzt reif war, die letzte große Blockade aufzulösen. Ich musste es nur tun.
Ich wusste sogar, was ich tun sollte. Ich sollte ein Buch schreiben über dessen Inhalt ich bereits ziemlich ausführliche Informationen erhalten hatte. Aber ich konnte nicht. Ich war blockiert, stand mir selbst im Weg und sah mir dabei zu. Es war mir völlig klar, in welcher Situation ich mich befand und warum ich mich unwohl fühlte, aber ich sah mich nicht in der Lage, daran etwas zu ändern.
Mehrere Wochen verbrachte ich in dieser seltsamen Stimmung. Mit dem Drang zu schreiben setzte ich mich täglich an den Schreibtisch und verschickte dann doch bloß ein paar unwichtige Mails und surfte im Internet. Schließlich stand ich wieder auf, weil ich mir einredete, dringend etwas erledigen zu müssen, was genauso gut aufgeschoben hätte werden können.
Irgendwann ging ich mir selbst so auf die Nerven, dass ich die konkrete Frage formulierte, die schon längst überfällig war. Warum konnte ich nicht schreiben? Warum behinderte ich mich selbst?

Die Antwort meiner Helfer kam wie immer prompt. Ich sollte die Unterbringung meiner Pferde in Ordnung bringen. Es würde mir leichter fallen, mich vollständig zu entfalten, wenn meine Tiere so ein zu Hause haben würden, wie ich mir das für sie erträumte.
Selbstverständlich hatten sie völlig recht. Nach meinem Unfall hatte ich mich zwar besser von den übrigen Einstellern und Sabrina abgegrenzt, aber wirklich glücklich war ich immer noch nicht. Ich hatte allerdings schon öfter den Stall gewechselt und war noch mit keinem richtig

zufrieden gewesen. So wie ich dachten einfach nicht viele und so hatte ich es mehr oder weniger aufgegeben, nach einer Lösung zu suchen. Nachdem es nun aber so aussah, als würde sich dieser halbherzige Kompromiss auch auf andere Lebensbereiche auswirken, erklärte ich mich einverstanden, etwas zu ändern. Hierzu bat ich wieder um Hilfe von der geistigen Seite.
Binnen weniger Tage verselbständigten sich daraufhin die Dinge. Ich erfuhr, dass Sabrina, die derzeitige Pächterin des Hofes, das Anwesen verlassen und ein eigenes errichten wollte. Der Stall, der nur ein paar Meter von unserem Haus entfernt war, würde dann wieder zu pachten sein.
Bevor ich dieser Möglichkeit auch nur einen Gedanken gewidmet hatte, traf ich eine Freundin, die, die selbst zwei Pferde hatte und in ihren Ansichten ganz auf meiner Wellenlänge war. Es stellte sich heraus, dass sie davon träumte, ihre Tiere selbst zu halten und sich hierfür einen Partner wünschte.

Langsam wurde deutlich, dass das Universum der Meinung war, ich sollte diesen Stall übernehmen. Mein Mann war zuerst skeptisch dieser völlig neuen Idee gegenüber, aber schon bald war auch er mit im Boot und plante fast noch euphorischer als wir beiden Frauen.
Schnell waren die Rahmenbedingungen geklärt und es war klar, in wenigen Monaten würden wir Pächter unseres eigenen kleinen Paradieses für Menschen und Pferde sein.
Obwohl wir noch sechs Monate bis zur Stallübernahme warten mussten, war ich überglücklich. Noch ein paar Wochen zuvor hätte ich nicht zu träumen gewagt, dass sich die Dinge so entwickeln würden. Ich weiß gar nicht, warum ich es vorher noch nie in Erwägung gezogen hatte, mich selbst um die Haltung meiner Pferde zu kümmern, aber, wie dem auch sei, es ist ohnehin von ganz alleine so gekommen, wie es kommen sollte. Es besteht kein Zweifel für mich, dass wir damit die richtige Entscheidung getroffen haben.

Zwei Tage nachdem der Entschluss endgültig war, saß ich am Schreibtisch und begann, dieses Buch zu schreiben. Ich hatte wie immer

meine Mails gelesen und danach einfach das Textverarbeitungsprogramm geöffnet und angefangen. Es ging wie von selbst und es fühlte sich einfach wunderbar an. Eine bestimmte Vorstellung davon, was ich schreiben wollte, trug ich ja schon länger mit mir herum, aber es kam dann doch etwas anderes dabei heraus. Eigentlich hatte ich eine Art Ratgeber schreiben über die Kombination von Energiearbeit und körperlicher Entgiftung schreiben wollen, doch plötzlich verfasste ich meine Biographie.
Zum zweiten Mal durchlebte ich das, von dem ich erzählte und vergaß dabei völlig die Zeit und alles andere um mich herum. Ich lachte und weinte und war einfach glücklich. Die Stunden flogen nur so dahin. Schon war es wieder Zeit mit dem Hund rauszugehen und nach dem Spaziergang war ich wieder voller neuer Ideen, was ich als nächstes schreiben wollte.

Seit der Volksschule war ich eine begeisterte Leserin gewesen. Es gab für mich nichts Schöneres, als mit Haut und Haar in eine Geschichte abzutauchen und das wahre Leben dabei völlig zu vergessen. Doch nie hätte ich geglaubt, dass es noch viel aufregender war zu schreiben. Ich hatte mir vorgestellt, dass Schriftsteller ein konkretes Konzept hätten und dieses dann mehr oder weniger mühsam Punkt für Punkt abarbeiteten. Doch dies hatte nicht das Geringste damit zu tun, wie es wirklich war. Genau wie beim Heilen ging es mir am besten von der Hand, wenn ich völlig leer war. Ich setzte mich einfach hin, begann irgendwo und staunte immer wieder, wo ich mich hinschrieb, oder besser gesagt, wo es mich hinschrieb. Ich bin mir ziemlich sicher, dass ich niemals zuvor etwas mit so einer Begeisterung getan hatte.

Nach circa zwei Wochen hatte ich zwei Kapitel fertig und dann wurde plötzlich wieder die Zeit zu knapp zum Schreiben. Eines ergab das andere und schon war wieder ein Monat um, in dem keine einzige Zeile entstanden war. Zwar merkte ich deutlich, dass es mir nicht gut tat, aber ich war wieder in das Muster gerutscht, das ich schon kannte. Ich wusste, dass ich schreiben sollte, aber ich konnte nicht und ich verachtete mich dafür. Langsam hatte ich die Nase voll davon, mir immer wieder selbst im Weg zu stehen. Wie konnte ich nur so blöd sein, den Ausgang aus dem schwarzen Loch zu kennen, aber lieber leidend vor der Tür zu sitzen, als sie zu öffnen?

Erst gab ich mich dem Selbstmitleid hin und beschloss dann doch, das zu tun, was ich jedem anderen in meiner Situation geraten hätte. Ich nahm den Zustand einfach an. Für irgendetwas musste er gut sein, vielleicht war einfach die Zeit noch nicht reif für meinen ultimativen Durchbruch. Beim Stöbern im Internet stieß ich dann auf ein paar Bücher über Kreativität, die mich anzogen, unter anderem eines von Julia Cameron mit dem Titel „Von der Kunst des Schreibens". Ich hatte vor Jahren schon ein Buch von Julia gelesen, damals war es „Der Weg des Künstlers", ein Übungsbuch zur Entfaltung der Kreativität. Es hatte mich dazu inspiriert, mir Farben und Leinwände zu kaufen und ich verbrachte ein paar Wochen, in denen ich mich intensiv der Malerei, oder besser gesagt der Spielerei mit Farben, widmete. Ich schuf mehr als 20 Bilder, die heute zum Teil meine Praxis schmücken, und hatte damit wirklich große Freude. Auch beim Malen versank ich völlig im Moment und trotz meiner völligen Plan- und Talentlosigkeit entstanden Werke, die mich richtig stolz machten. Genauso plötzlich, wie ich damit angefangen hatte, hörte ich allerdings wieder damit auf, räumte die Farben in den Keller und hatte keinen Impuls mehr, sie herauf zu holen.
Trotzdem habe ich den Eindruck, dass diese Phase bedeutungsvoll war. Es kam wieder einiges in Bewegung, ich machte Fortschritte beim Heilen, gewann neue Klienten und fühlte mich einfach wieder ein Stückchen besser und stärker als zuvor. Außerdem mochte ich die entstandenen Bilder. Ich hatte also guten Grund, das Buch, das mich angeregt hatte, in guter Erinnerung behalten zu haben und bestellte mir nun auch das Werk von Cameron über das Schreiben. Zunächst einmal legte ich es dann aber bloß obenauf auf den Stapel meiner ungelesenen Bücher.

Es war Februar, Christof war bereits seit vier Monaten selbständig, hatte aber nicht allzu viel zu tun und auch in meiner Praxis ging es recht ruhig zu. Spontan beschlossen wir, eine Reise zu machen. Der Urlaub war in

den letzten Jahren viel zu kurz gekommen und das Wetter zu Hause war scheußlich. Die Gelegenheit war zu günstig, wir wollten sie nicht ungenützt lassen.
Nachdem wegen unseres Hundes eine Flugreise nicht in Frage kam, suchten wir nach einem mit dem Auto erreichbaren Reiseziel, bei dem damit zu rechnen war, dass das Wetter ein wenig schöner sein würde als in Österreich. Unsere Wahl fiel auf Korsika. Im Internet fanden wir schnell ein reizendes Ferienhaus, das um diese Jahreszeit natürlich frei und relativ günstig zu haben war, und schon zwei Wochen später saßen wir im Auto und fuhren los.

Wir verbrachten einen unbeschreiblichen Urlaub auf dieser Insel, für deren Schönheit ich keine Worte finde. Mit dem Wetter hatten wir riesiges Glück, die ganzen 14 Tage schien die Sonne bei knappen 20 Grad. Der Frühling war schon voll ausgebrochen, alles blühte und grünte und das Meer, das ich um diese Jahreszeit noch nie gesehen hatte, glitzerte umwerfend durch den noch relativ niedrigen Sonnenstand. Jeden Tag machten wir einen anderen Ausflug zu den unglaublich vielfältigen Naturschönheiten und waren überwältigt, dass wir all die wunderbaren Plätze, die wir entdeckten, für uns ganz alleine hatten. Der Laptop, den ich mitgebracht hatte, um wieder ins Schreiben hinein zu finden, blieb völlig unangetastet in der Ecke stehen. Wir hatten geplant, auch viel Zeit in dem romantischen Häuschen zu verbringen, aber die Natur war einfach zu schön. Wir wollten so viel wie möglich sehen und kamen immer erst gegen Abend hundemüde zurück. Selbst unsere Hündin Luzi genoss diesen Urlaub in vollen Zügen und ich hatte das Gefühl, dass er ein Vorbote war, für das, was da noch kommen sollte in unserem Leben.
Die Zeit der Schwierigkeiten war ein für alle Mal vorbei und ich spürte, dass ich endlich bereit war, das Leiden für immer hinter mir zu lassen. Jetzt konnte ich es mir erlauben wirklich zu genießen, die Schönheit und die Fülle, die mich umgab, zu erkennen und an mich heranzulassen. Ich glaube, dass der korsische Wind die letzten Reste von Schwere aus meinem Energiekörper davon geblasen hat. Ich fühlte mich wie im Himmel, überall wo ich hinblickte, sah ich nur Wunderbares, das mich

tief berührte.

Zwei Tage vor unserer Abreise erhielt Christof einen Anruf von einem Kollegen, der seine Unterstützung für ein wichtiges Projekt in der Schweiz brauchte. Schon kurz nach unserer Heimkehr würde mein Mann wieder verreisen, für etwas mehr als eine Woche. Auch wenn er natürlich lieber von zu Hause aus arbeitete, freute er sich riesig über den neuen Auftrag und das gute Timing. Hätte der Kollege ein paar Tage früher angerufen, hätte Christof ablehnen müssen. Alles lief mehr als perfekt für uns. Auch ich fühlte, dass es zu Hause Wichtiges für mich zu tun gab. Wir verließen Korsika bereichert, aufgetankt und voller Tatendrang und mit dem festen Vorsatz, schon bald wieder zu kommen.

In Österreich hatten wir dann noch ein paar turbulente Tage, in denen ich hauptsächlich damit beschäftigt war, gegen Wäscheberge zu kämpfen, während Christof in aller Eile seine heimischen Kunden bestmöglichst zufriedenstellte.
Dann war es soweit. Ich brachte meinen Mann um fünf Uhr morgens zum Wiener Flughafen und hatte danach das erste Mal in elf Jahren Ehe acht Tage ohne ihn vor mir. Zwar hatte er in seiner alten Firma nahezu unmenschlich viel gearbeitet, doch nur ganz selten war er über Nacht weggeblieben und wenn, dann nur für eine einzige Nacht.
Das Alleinsein, das mir tagsüber schon oft zu schaffen machte, fiel mir besonders schwer, wenn es dunkel war. Vor allem allein ins Bett zu gehen, war ein Horror für mich. Immer wieder schreckte ich wegen irgendwelcher harmloser Geräusche aus dem Schlaf hoch, hatte Herzrasen und machte mir fürchterliche Sorgen. Darüber, dass mein Herzrasen nicht mehr aufhören würde und keiner mir helfen könnte und darüber, dass das Geräusch, das mich aufgeschreckt hatte, womöglich doch nicht so harmlos gewesen war. Manchmal redete ich mir sogar ein, dass ich wahrscheinlich deswegen aufgewacht war, weil mein Unterbewusstsein wahrgenommen hatte, dass Christof in Schwierigkeiten steckte.
In dieser Hinsicht hatte sich noch nicht allzu viel geändert. Wenn ich nachts alleine war, fühlte ich mich nicht wohl und immer noch geriet ich

gelegentlich in Panik.

Doch diesmal fühlte ich mich so stark wie nie und freute mich richtig auf diese Tage, die ich genau so verbringen würde, wie es mir gerade einfiel. Den einzigen Kliententermin, den ich gehabt hatte, hatte ich abgesagt und auch sonst gab es keine Pläne. Diese Woche war mir sehr wichtig, sie würde mir zeigen, wo ich wirklich stand. Ich war zuversichtlich, denn nie zuvor war mir ein Abschied so leicht gefallen. In den letzten Tagen war mir ein Gedanke gekommen, der mir sehr gefiel. Ich dachte, dass es völlig unnötig wäre, Christof zu vermissen, weil ich die Liebe, die uns verband, ja ohnehin in mir trug. Überhaupt trug ich alles in mir. Was sollte mir fehlen?

Die ersten beiden Tage füllte ich mit Spaziergängen, lesen, Besuchen bei den Pferden, ausgedehnten Basenbädern und etwas Hausarbeit. Doch am dritten Tag fiel mein Blick auf das Buch von Julia Cameron. Sofort setzte ich mich hin und begann darin zu lesen. Die Autorin sprach mir aus der Seele, als sie beschrieb, welch fadenscheinige Ausreden die Menschen für sich selber erfinden, dafür, dass sie sich ihren Wunsch etwas zu schreiben, nie erfüllen.
Ich kannte sie, alle diese Ausreden, vor allem die, dass eben immer zu wenig an zusammenhängender freier Zeit zur Verfügung stand und dass ich kein fixes Konzept hatte.
Julia fegte sie alle in ihrer lockeren, ansprechenden Art mit kaum mehr als 30 Seiten vom Tisch. Während ich ihre Sätze las, wurde ich richtig wütend darüber, dass ich mich so lange auf so dämliche Art und Weise selbst belogen und dafür den Preis gezahlt hatte, dass ich einfach nicht in meine volle Kraft gekommen war.
Es reichte mir. Endgültig. Ich hatte keine Lust mehr auf Selbstsabotage, Blockaden, Langeweile, unterdrückte Gefühle und schlechte Laune. Es war jetzt wirklich an der Zeit, die ganze Stärke, die in mir schlummerte, endlich nach außen zu bringen. Wenn ich schreiben würde, würde mir das gelingen, das wusste ich schon länger. Aber jetzt war ich wirklich bereit, es zu tun. Es gab keine Ausreden mehr. Weil ich tagelang alleine war, es nichts Unaufschiebbares zu tun gab und weil ich Ausreden

einfach nicht mehr nötig hatte. Wofür und für wen? Sollte ich mich noch länger selbst belügen? Nein, danke.

Ich verstand auf einmal, dass es gar nicht darum ging, ein fantastisches Buch zu schreiben, sondern einfach nur darum, das herauszulassen, was mich gerade bewegt.
Noch nie hatte ich es so eilig gehabt, zu meinem Schreibtisch zu kommen und den Computer hochzufahren. Ich öffnete mit zitternden Fingern das Textverarbeitungsprogramm und begann in rasender Geschwindigkeit zu tippen. So viele Gedanken und Gefühle kamen gleichzeitig hervor, es war wie eine Explosion auf die meine Seele ein Leben lang gewartet hatte. Ohne auch nur ein einziges Mal inne zu halten, verfasste ich folgenden Text:

Blockaden.
Gibt es irgendetwas Langweiligeres als Blockaden? Ich weiß es zwar nicht, aber ich glaube nicht. Mein ganzes bisheriges Leben war ich blockiert und jetzt gerade habe ich den Entschluss gefasst, dass damit ein für alle Mal Schluss sein muss. Julia Cameron hat mir ein bisschen geholfen, aber gewusst habe ich es schon länger. Es sind jetzt fast fünf Jahre seit ich ziemlich intensiv an mir arbeite. Ich kann nicht sagen, dass ich bisher keine Erfolge zu verzeichnen hatte, ganz im Gegenteil. Ich war krank und verängstigt, jetzt bin ich gesund und schon viel mutiger, aber noch immer habe ich mich nicht ganz lossagen können vom Leid.
Früher brauchte ich es, weil es mein Mittel war, um Aufmerksamkeit und Liebe zu bekommen. Natürlich war das eine Illusion, aber ich war überzeugt davon, dass es so sei. Im Laufe der Jahre habe ich erkannt, worum ich mich selbst bringe mit dieser Haltung.
So habe ich dann mit Anfang dreißig begonnen zu begreifen, was es bedeutet zu leben. Freude zu haben, die Dinge in all ihrer Schönheit wahrzunehmen, die überall um mich herum sind. Früher sah ich sie nicht. Ständig war ich beschäftigt mit einer panischen Selbstbeobachtung. Was macht mein Körper, was passiert in mir?
Heute sehe ich die Blumen, die Wolken und die Gesichter der Menschen. Ich habe verstanden, dass es meine Wahl ist, was ich sehe,

und was ich sehe und wahrnehme bestimmt, wie ich mich fühle. Ja, ich habe diese Wahl und ich mache Gebrauch davon, mit dem Resultat, dass ich mich mittlerweile sehr oft sehr gut fühle.
Ich habe auch verstanden, dass ich körperliche Symptome nicht brauche. Für nichts. Sie behindern mich nur und bringen mir alles andere ein als die Liebe meiner Mitmenschen. Jetzt, da ich auch etwas zu geben habe, werde ich auf ganz andere Art und Weise geliebt. Früher war ich ein Energiestaubsauger, eine einzige Belastung für meine Umgebung.
Ich sage nicht, dass das, was ich erlebt habe, schlecht war. Es war für mich wichtig, mir einen gewissen Druck aufzubauen, um die Bereitschaft aufzubringen, umzudenken. Und jetzt, wo ich selbst beruflich damit beschäftigt bin, Menschen aus deren Leid heraus zu helfen, bringt es natürlich eine Menge, dass ich weiß, wie es sich anfühlt, wenn einem das Wasser bis zum Halse steht und man sich völlig hilflos fühlt.
Ich kann mich nicht erinnern, jemals einen Klienten gehabt zu haben, der mir von einem Gefühl berichtet hätte, das mir fremd war. Ich kenne sie alle, die Schmerzen, die Ängste, die Trauer, die Wut, die Verzweiflung, den Selbsthass, die Einsamkeit und all die restlichen Verwandten. Und ich habe sie nicht nur kurz gefühlt, ich habe sie jahrelang herumgetragen, gepflegt und gehätschelt, weil ich der Meinung war, sie seien ich, sie seien das, was ich bin.
Durch ein paar wirklich beeindruckende Menschen, das Lesen vieler Bücher aber eben auch durch die Tatsache, dass der Druck und das Leid irgendwann so groß wurden, dass ich es wirklich nicht mehr aushalten konnte, habe ich begonnen, mich zu verändern. Ich habe alles verändert. Meine Ernährung, meinen Wohnort, meinen Beruf, meine Freunde, meine Urlaubsorte, meine Art zu denken, die Wörter, die ich oft verwende, meine Haarfarbe, meine Haustiere, einfach alles.

Ich wurde belohnt. Es geht mir so viel besser als vor circa 8 Jahren, ich kann es nicht beschreiben. Trotzdem muss ich gestehen - und das ist der Grund warum ich das hier jetzt schreibe – ich bin immer noch nicht völlig frei. Obwohl es so viele tief prägende Erlebnisse für mich gab, die mir vor Augen geführt haben, dass ich entscheiden kann, ob ich leiden

muss oder nicht, obwohl ich es geschafft habe, mich durch meine innere Veränderung von einer ansehnlichen Zahl schwerer chronischer Symptome zu befreien, habe ich mich offensichtlich immer noch nicht dazu entscheiden können, als hundertprozentig freier, glücklicher und erfolgreicher Mensch durchs Leben zu gehen.
Immer noch schleppe ich Ballast mit mir herum, von dem ich weiß, dass er zu absolut nichts zu gebrauchen ist.
Ich bin mäßig erfolgreich in meinem Beruf als Heilerin. Eine Zeitlang lief meine Praxis wirklich gut, außerordentlich gut sogar, wenn man bedenkt, dass ich in einer 600-Seelen-Gemeinde lebe. Und ich glaube sogar zu wissen, warum der Zustrom an Klienten zurückgegangen ist, schließlich habe ich in all den Jahren meiner Weiterentwicklung die Kommunikation zu meinen Helfern in der geistigen Welt nahezu perfektioniert. Das Heilen ist nicht meine alleinige Lebensaufgabe, sondern es diente mir vor allem dazu zu lernen, was ich lernen musste. Indem ich - ausgehend zunächst von meinen eigenen Beschwerden- lernte, wie Krankheit und Gesundheit funktionieren, wie man das eine vermeidet und das andere erreicht, habe ich verstanden, wie das ganze Leben funktioniert. Die Gesetze des Universums sind universell, wie der Name schon sagt. Sie gelten für alles, im Kleinen wie im Großen, das macht ihre Anwendung so leicht. Und nun, da ich schon sehr viel begriffen habe, womöglich sogar mehr als die meisten Menschen, jedenfalls genug um meine Lebensaufgabe vollständig wahrzunehmen, geht es darum, mein Wissen auch weiterzugeben.
Das habe ich bisher ja auch schon getan, in den Gesprächen mit meinen Klienten. Nun soll ich aber ein breiteres Publikum erreichen. Ich soll schreiben, Bücher herausbringen, Seminare und Vorträge halten, an die Öffentlichkeit gehen.
Bis heute habe ich mich ganz deutlich um diese Aufgabe herumgedrückt, obwohl ich sie nun schon mindestens fünf Monate kenne. Zwar hatte ich dazwischen sogar einmal zwei konstruktive Wochen, in denen ich zwei Kapitel eines Buches geschrieben habe und das Schreiben hat mir so Spaß gemacht, dass ich oft sogar vor Glück heulte dabei, doch ich hörte wieder auf zu schreiben und ließ die entsprechende Datei monatelang ungeöffnet. Der Teufel weiß warum.

Doch ab heute wird alles anders, ich weiß es und zum Zeichen dafür, dass sich diesmal wirklich etwas ändern soll, schreibe ich es auch gleich nieder. Als Vertrag mit mir selbst sozusagen. Die äußeren Umstände haben, wie so oft, für mich gearbeitet. Die Qualität der Zeit ist enorm, es löst sich so vieles auf. Ich konnte in den letzten Wochen wieder einiges bearbeiten. Mein Mann ist gerade für acht Tage geschäftlich im Ausland und ganz gegen meine sonstigen Gewohnheiten bin ich dem Alleinsein nicht entflohen, sondern genieße es. Die Panik vor der Einsamkeit, die so alt ist wie ich selbst, scheint sich völlig in Luft aufgelöst zu haben.

Nun bleibt also nur noch diese allerletzte Blockade in meinem Leben, die Hemmung zu schreiben. Ich glaube, dass ich schreiben kann. Seit meiner Kindheit verschlinge ich Bücher und kann mich dementsprechend recht gut ausdrücken. Außerdem habe ich Spaß dabei, fühle mich ganz in meinem Element. Ich glaube fast, irgendetwas in mir hat große Angst davor, erfolgreich zu sein und Angst, mich unbeliebt zu machen, wenn ich zu stark bin. Aber wie auch immer, eigentlich ist es mir egal, ich bin fest entschlossen, diese Blockade mit dem heutigen Tag abzulegen. Es reicht, blockiert war ich lange genug. Die Zeit ist reif, ich bin jetzt bereit für meine ganze Größe, für völlige, unfassbare Freiheit. Ich bin frei und bereit, mich vom Fluss des Lebens mitreißen und begeistern zu lassen, überzuschäumen vor Glück und Lebensfreude. Dadurch, dass ich mich selbst ständig ausdrücke, völlig frei Dinge aus dem Außen in mich aufnehme und Dinge, die ich in mir trage, nach außen bringe, um sie freudvoll mit anderen zu teilen.
Und sollte jemals in meinem Leben noch eine andere Blockade auftauchen, werde ich sie durch das Schreiben sofort aufspüren und auflösen. Es ist nicht wichtig, was ich schreibe und es ist auch nicht wichtig, wie es formuliert ist. Es ist völlig egal, ob das Geschriebene jemals von irgendjemandem gelesen oder für gut befunden wird. Es geht nur darum zu schreiben, mich aufzumachen und endlich zu fließen. So lange weiß ich schon, dass ich die Wahl habe, jetzt bin ich bereit, davon Gebrauch zu machen. Heute ist es soweit. Wie glücklich die Umstände doch zusammengetroffen sind. Die Zeit der Auflösung,

Christofs Reise in die Schweiz und dass ich gerade heute das Buch „die Kunst des Schreibens“ von Julia Cameron in die Hand genommen habe, die so beeindruckend die ganzen lächerlichen Ausreden beschreibt, mit denen sich blockierte Künstler, die wir alle sind, von ihrem eigenen Glück abschneiden.
Ab heute brauche ich keine Ausreden mehr, ab heute bin ich frei. Ab heute bin ich Heilerin und Schriftstellerin. Ab heute bin ich glücklich. Ab heute bin ich ich. Ich freue mich darauf.
Danke, Universum!

Seit diesem Text sind zwei Monate vergangen. Seitdem gab es keinen Tag, an dem ich nicht geschrieben habe. Wie Sie sehen, ist mein Buch fast fertig. Doch fast noch einmal so viel Text ist in einem anderen Programm abgelegt, das ich immer parallel geöffnet habe. Wenn mir etwas einfällt, etwas Aufregendes passiert, ein Gefühl in mir hochkommt, das nicht zu diesem Buch passt, halte ich es dort sofort fest. Trotzdem habe ich nichts anderes vernachlässigt, ganz im Gegenteil. Ich schaffe mehr und fühle mich trotzdem entspannter.

Das Schreiben ist das fehlende Stück in meinem Lebenspuzzle, nachdem ich so lange gesucht habe. So viele Kenntnisse, über die ich schon länger verfüge, hat es zu einem runden Bild zusammengefügt. Beim Heilen hatte ich verstanden, wie wichtig es für Körper, Geist und Seele ist, dass man sich nicht immer nur neue Dinge einverleibt, sondern auch Altes loslässt. Es gibt nichts Heilsameres als eine gründliche Entschlackung des Körpers und Feng shui - Experten wissen, wie wichtig es ist, dass sich im Wohnbereich kein altes Gerümpel ansammelt, damit die Lebensenergie nicht ins Stocken gerät. Doch beim Entgiften sah ich den Sinn darin, etwas Negatives zu entfernen und erst durch das Integrieren meiner Kreativität durch das Schreiben wurde mir so deutlich bewusst, dass auch das schönste Gefühl, die großartigste Idee, die wundervollste Vision das ganze System blockiert, wenn sie nicht nach außen darf.

Schreibend wurde ich zurückgespült in die Mitte des Lebensflusses und dieser Fluss trägt mich nun sanft mit sich fort. Endlich habe ich das Gefühl, das ich so vermisst habe. Das Gefühl zu fließen.

Es gibt keine Blockaden mehr. Wenn etwas auftaucht, was zu einer werden könnte, schreibe ich es auf. Es scheint mir, als wäre mein Laptop für mich so eine Art Zauberstab. Jedes Problem, das ich festhalte, löst sich in Luft auf, jede Frage wird beantwortet und jeder Wunsch wird erfüllt. Doch dies hat nichts mit mir als Person zu tun, sondern nur mit dem Schreiben.
Allein die deutliche Ausformulierung dessen, was mich belastet, was ich wissen will oder was ich eigentlich genau erreichen möchte, wirkt Wunder und entfaltet ungeahnte Kräfte. Die Folge davon ist, dass umso schneller wie aus dem Nichts das nächste wichtige Thema auftaucht, das meine Aufmerksamkeit auf sich zieht. Die Dinge, die ich aufschreibe, brauche ich nicht mit mir herum zu tragen und es entsteht Raum für Neues. Ich bin zur Quelle geworden. Die Zeit hat sich beschleunigt und doch verlangsamt, weil ich sie intensiver erlebe.

Die Dinge, die ich tue kann ich einfach genießen und muss mir keine Gedanken mehr darüber machen, was dabei herauskommt. Ich bin nicht mehr ergebnisorientiert. Beim Heilen hatte ich schon erfahren, dass ich am besten helfen konnte, wenn ich gar nichts wollte, mir gar keine Gedanken machte und nur mein Herz öffnete. Doch ich konnte dieses Wissen noch nicht auf andere Lebensbereiche übertragen. Ich musste zuerst schreiben und noch einmal sehen, was mit mir passiert, wenn ich keinen Plan habe und mich einfach treiben lasse.
Heute kann ich mich einfach hinsetzen und das aufschreiben, was in meinem Kopf ganz von selbst zu sprudeln beginnt. Ich kann aber auch der Reihe nach Farben mit Fingern oder Pinsel aufs Papier bringen, die miteinander tanzen wollen und ich kann zu meinen Pferden gehen, mich einfach an ihrer Gegenwart erfreuen und sehen, was passiert. Ich kann tun, wonach mir ist und mich dabei völlig frei führen lassen, ohne mir zu überlegen, was es zu bewirken gilt. Ich muss die Energien nur fließen lassen und aufhören, mich einzumischen. Das ist alles. Das ist wirklich alles.

Ich schreibe keinen Bestseller, der mich reich machen soll und ich schreibe nicht, um mein Wissen mitzuteilen. Das hätte ich früher getan, wahrscheinlich einer der Gründe, warum ich es nicht tun konnte. Ich hätte aus meinem Ego heraus geschrieben. Heute schreibe ich um meiner selbst willen. Ich schreibe nur, um das, was in mir ist, heraus zu lassen, im Fluss zu bleiben. Was immer mit dem Geschriebenen passiert, nie könnte es wertlos sein, weil es mich im Leben hält.

Ich bin froh, dass mir das Heilen nicht gereicht hat, um alles zu entdecken, was ich in mir trage, denn sonst hätte ich nicht weiter gesucht. Meine Bestimmung ist es zu heilen, daran besteht schon lange kein Zweifel mehr für mich, doch jetzt weiß ich, in erster Linie soll ich es mit Worten tun.
Ich bin angekommen.

Ich habe gefunden, was ich gesucht habe und zum ersten Mal in meinem Leben wurde ich von dem, was ich mir erhofft hatte, nicht enttäuscht, sondern meine Erwartungen wurden bei weitem übertroffen. Ich sitze mit einem Klapptisch, einem Campingstuhl und meinem Laptop unter den Büschen meines Gartens, schreibe diesen Text und es gibt nichts, was ich mir wünsche. Ich habe mehr, als ich jemals zu träumen gewagt habe und ich liebe dieses Leben aus tiefstem Herzen. Die Tränen, die in dieser Sekunde auf meine Tastatur fallen, sind Tränen der Dankbarkeit.

Der Tropfen

Ich bin wie ein Tropfen im Ozean. Eigentlich gibt es mich gar nicht, denn wie sollte man diesen Tropfen isolieren? Natürlich könnte man eine Laborpipette nehmen und ihn einfach herausholen, aber was wäre er dann, dieser Tropfen? Ein krankes, einsames Nichts, ohne jede Funktion. Bin ich aber da, wo ich hingehöre, in meinem Ozean, kann man mich nicht mehr ausmachen.
Ich habe keine Form, es gibt nichts, was mich abgrenzt, von dem, was mich umgibt. Ich bin Teil des Ganzen. Ich bin alles und gleichzeitig nichts. Wie könnte ich mir einbilden, ein eigenes Leben zu führen? Wie ginge es mir, stellte ich mich gegen den Strom? Wie sinnlos wäre der Versuch, selbst die Richtung vorgeben zu wollen und zu kämpfen gegen das, was ist, weil das, was ist, mir all meine Kraft verleiht.

Dass ich Teil eines Ganzen bin, ermöglicht mir den Zugriff zu jeder Information, erlaubt es mir, mich einfach treiben zu lassen, ohne mich je in Gefahr zu begeben. Ich habe Zugang zu jedem Gefühl in diesem Universum. Ich kann den Schmerz der Welt spüren, aber ich muss es nicht. Jeden Gedanken kann ich denken, aber ich muss es nicht. Es ist eine Illusion zu glauben, dass die Informationen mein Wissen sind. Die Gefühle und Schmerzen gehören mir nicht, die Gedanken sind nicht von mir erdacht, sie durchdringen mich nur, weil es keine Trennung gibt.

Das zu erkennen, ist alles, was zählt. Wir sind nichts von dem, was wir zu sein scheinen. Leid ist eine Entscheidung, die sofort rückgängig gemacht werden kann. Leid löst sich auf, wenn wir aufhören, eine Grenze zu ziehen, wo keine ist. Wenn wir aufhören, kontrollieren zu wollen, was sich selbst reguliert. Wenn wir aufhören zu kämpfen, gegen das, was wir selber sind. Wenn wir aufhören, uns mit dem zu identifizieren, was nur durch uns fließt.

Alles, was wir zu tun brauchen, ist uns im Fluss des Lebens zu wiegen, uns leiten zu lassen von unseren Impulsen. Das, was uns leicht von der

Hand geht, uns die größte Freude macht, ist unsere Aufgabe in dieser Welt. Das ist alles, was wir wissen müssen.
Was immer aus unserer Intuition entsteht, ist nicht zu hinterfragen. Es geht nicht um uns, sondern um das große Ganze. Das große Ganze wirkt und spricht durch uns und es weiß was es tut. Identifikation führt zu nichts, weil es unser Ich gar nicht gibt. Das Ende der Identifikation ist das Ende von jedem Stolz und von jedem Schmerz und erlaubt uns, das anzunehmen, was ist.
Alles, was wir in Liebe annehmen, erlösen wir.
Wenn es uns gelingt, uns selbst und die Welt, in der wir leben, in ihrer Polarität anzunehmen, weicht die Dualität dem Licht. Lasset uns gemeinsam den Kampf beenden und in Frieden die neue Zeit begrüßen.

Danksagung

Ich danke den vielen Seelen, die mich lieben und die ich von Herzen liebe, dafür, dass sie mich gelehrt haben, wer ich bin und dafür, dass sie an meiner Seite sind. Ich trage euch in meinem Herzen.

Ich danke allen Lichtarbeitern, die unermüdlich ihren Beitrag dazu leisten, dass das Licht und die Liebe auf unserem Planeten täglich wachsen können.

Ich danke all meinen Klienten und meinen Lesern für ihr Interesse an meiner Arbeit und für ihre Bereitschaft, neue Wege zu gehen.

Gott segne euch. Möge euer Leben voller Liebe sein.

Literaturempfehlungen

Ich möchte es nicht versäumen, Bücher, die mir sehr geholfen haben, weiter zu empfehlen.

Julia Cameron
„Von der Kunst des Schreibens“

Julia Cameron
„Der Weg des Künstlers“

Paul Ferrini
„Denn Christus lebt in jedem von euch“

Daniela Jodorf
„Shambala - Reise ins innerste Geheimnis“

Michelle Longo O’Donnell
„Der Himmel in Dir“

Eckhart Tolle
„Jetzt! Die Kraft der Gegenwart“

Über den Autor

Alexandra Stelzer, geboren 1972 in Salzburg

Nach dem Studium der Veterinärmedizin in Wien arbeitete sie zwei Jahre lang als Tierärztin. Dann begann sie, sich intensiv mit Spiritualität und ganzheitlichen Behandlungsmethoden zu beschäftigen. Sie lebt als Heilerin, Persönlichkeitscoach, Vortragende und Autorin mit ihrem Mann und ihren Tieren im Burgenland und in Oberösterreich.

Die Autorin ist erreichbar über die Website:

www.dielichtquelle.at

10079134R00106

Printed in Germany
by Amazon Distribution
GmbH, Leipzig